KB264248

예술가가 된다는 것은 비전을 받아 창조력을 행사하는 것만으로는 충분치 않으리라. 제니스 엘스하이머는 결실 있는 예술가의 삶을 살아가는 현실적인 방법을 독자에게 여러 모델로 제시한다. 하나님의 창조적 부름에 응답하는 훈련 방법과 매일 헌신적인 삶을 살아낸 실례로 가득한 이 책은 예술가들을 축복하며 그 길을 밝게 비춰 준다.

루시 쇼(The Angles of Light, Water My Soul, Friends for the Journey의 저자)

제니스 엘스하이머의 책은 창조적인 사람을 그 창조력의 진정한 원천에 더 가까이 가도록 도움을 주기에 모든 방면의 예술인에게 매우 유용할 것이다.

브라이언 새비지(Cat Food 등의 곡이 실린 베스트셀러 앨범을 낸 색소폰, 플루트 연주자)

『창조적 소명』은 잠자는 예술가들을 일깨워 담대하게 자신이 받은 창조적 은사에 이름을 붙이고 발전시키며 표현하도록 할 것이다. 이 책의 연습과제들은 하나님의 원래 창조 목적에 맞게 그(그녀)가 예술가의 사고로 전환하여 실제 작품을 생산할 용기와 훈련을 제공한다. 나는 이 책을 통해 예술인들의 그룹이 공동체 안에서 서로 격려하고 도전하기를 바라며 이 책을 강력하게 추천한다.

낸시 비치(윌로우크릭 커뮤니티 교회 프로그램 디렉터, 교육목사)

인간의 창조성은 그의 아버지에게로 돌아가기를 고대하는 탕자와 같다. 제니스 엘스하이머는 작가를 고향으로 인도한다.

어윈 라파엘 맥마너스(모자이크교회 담임목사, An Unstoppable force의 저자)

내가 처음 작품을 쓰기 시작했을 20여 년 전, 제니스 엘스하이머의 고무적이고 영감이 가득한 이 책을 읽었더라면 좋았을 것이다. 『창조적 소명』은 우리, 즉 이미 어떤 형태의 예술로 생활을 하고 있거나 이제 막 작가, 무용수, 시인, 사진사의 길을 시작하면서 자신이 예술가로 부름받을 권리를 가졌는지조차도 확신하지 못한 이들에게 말을 건다. 엘스하이머는 하나님이 우리를 창조적 존재로 지으셨다는 것을 일깨워 준다. 『창조적 소명』은 내가 시간 날 때마다 다시 읽고 싶은 책이다.

조이스 한센(I Thought My Soul Would Rise and Fly and Breaking Ground 등의 저자)

『창조적 소명』은 모든 창조적 그리스도인이 마음속에서 밀고 당기는 줄다리기를 하고 있음을 인정한다. 예술가가 되고 싶다는 열망과 책임을 무시할 수 없다는 의식의 무게 사이에서 말이다. 제니스 엘스하이머는 자신의 창조적 부름에 따라 성령에게 진실해지겠다는 예술가의 열망을 확인시켜 준다.

벡키 앤 램브(God's Precious Gift in a Manger의 저자)

비범하고 감동적인 이 책은 내 가슴 한 가운데를 비추면서 감탄사를 연발하게 만들었다. 나를 무기력증에서 삶의 자리로 끌어당겨 주었다.

카렌 핸슨(플로리다주 노스랜드 교회의 여성사역 디렉터)

이 책으로 공부하면서 예술적이면서도 영적인 부흥을 경험했다. 내 작품은 변화했고, 나는 활발하게 작품활동을 하면서 다른 예술가들을 격려했다. 그들의 작품에서 그리스도를 위한 목소리가 나타나도록 말이다.

필리스 토마스(수채화 및 혼합재료 화가이자 초교파 미술사역 코디네이터)

『창조적 소명』은 내 영혼이 고삐에 매여 창조성을 발휘하지 못하고 있음을 깨닫게 해 주었다. 나는 제니스가 하나님의 창조적 부르심이 무엇인지 자신의 삶을 통해 말해 주고, 그녀의 비전을 우리와 나누어 준 것에 감사를 표한다.

사라 괴데(목사, 플로리다주 올랜도)

창조적 소명

 모든 인간은 하나님의 형상을 닮은 존엄한 존재입니다. 전 세계의 모든 사람들은 인종, 민족, 피부색, 문화, 언어에 관계없이 존귀합니다. 예영커뮤니케이션은 이러한 정신에 근거해 모든 인간이 존귀한 삶을 사는 데 필요한 지식과 문화를 예수 그리스도의 사랑으로 보급함으로써 우리가 속한 사회에 기여하고자 합니다.

도모생애교육신서 25

창조적 소명(*The Creative Call*)

초판 1쇄 찍은 날 · 2012년 7월 10일 | 초판 1쇄 펴낸 날 · 2012년 7월 15일
지은이 · 제니스 엘스하이머 | **옮긴이** · 임신희 | **펴낸이** · 김승태
등록번호 · 제2-1349호(1992. 3. 31) | **펴낸 곳** · 예영커뮤니케이션
주소 · (136-825) 서울시 성북구 성북1동 179-56 | **홈페이지** www.jeyoung.com
출판사업부 · T. (02)766-8931 F. (02)766-8934 e-mail: edit1@jeyoung.com
출판유통사업부 · T. (02)766-7912 F. (02)766-8934 e-mail: sales@jeyoung.com

ISBN 978-89-8350-803-4 (04230)
　　　978-89-8350-738-9 (세트)

값 12,000원

Copyright @ 2001, Janice Elsheimer
Originally published in English under the title *The Creative Call*
by WaterBrook Press, Colorado Springs, CO, USA.

All rights reserved.

This Translation published by arrangement with WaterBrook Press, an imprint of The Crown Publishing Group, a division of Random House, Inc. through rMaeng2, Seoul, Korea.

Korean Copyright © 2012 by Jeyoung Communications Publishing House.

이 한국어판의 저작권은 알맹2 에이전시를 통하여 The Crown Publishing Group과 독점 계약한 예영커뮤니케이션에 있습니다.

* 신 저작권법에 의하여 한국 내에서 보호받는 저작물이므로 무단 전재와 무단 복제를 금합니다.
* 잘못 만들어진 책은 교환해 드립니다.

도모생애교육신서 25

성령의 부르심에 대한 예술가의 답변

창조적 소명

제니스 엘스하이머 지음, 임신희 옮김

예영커뮤니케이션

"예전에는 나도 그랬었는데!"라는 탄식에는 다른 누군가의 재능에 부러움 섞인 찬탄이 함께 따르는 경우가 종종 있다. 그 말에 나는 언제나 "그런데 왜 그만 두셨어요?"라고 질문한다. 사람들은 그 질문에 대해 갖가지 답변을 짜내지만, 슬프게도 자신의 예술 활동을 결코 포기할 필요가 없었다는 사실을 곧 깨닫는다. 그들이 한때 만끽했지만 이제는 옛일이 되어 버린, 그러나 잊히지 않는 충족감을 그리워하고 있음을 그 탄식에서 알게 된다.

소위 '현실'에서 길을 찾다 보면, 비록 선택한 그 직업에서 성공한다 해도 뭔가 잃어버렸다는 것을 깨닫는 불행한 사람이 많다. 하나님이 우리를 창조하신 모습 그대로 하기를 원하시는 바를 따르면서 누렸던 그 소박한 즐거움을 잃어버린 것이다. 또한 받은 은사를 영원히 잃어버렸다고 느끼기도 한다. 그러나 정말 그런 것일까?

이 책 『창조적 소명』에서 제니스 엘스하이머(Janice Elsheimer)는 우리 안에 있는 예술가를 일깨우기 위한 단계들을 알려 준다. 이 책은 우리의 귀중한 재능을 포기하게 만든 그 환경을 처음부터 짚어 주며, 깊은 곳에 묻어 놓았던 나만의 독특한 보화를 꺼내도록 도와준다.

제니스가 지적하듯 많은 장애물이 예술적 자아 개발을 방해할지 모른다. 그중 첫 번째 장애물은 우리에게 있는 특별한 은사를 활용함으로 생기는 이점들을 믿지 못하는 불신이다. 내 작품을 감상한 많은 사람이, "근데요, 우리 아이(혹은 조카, 친구 등 누가 되었든지 간에)는 미술에 재능이 있었거든요. 결국은 정신을 차리고 '진짜 직장'을 잡았지요."라고 나에게 수없이 말했다. 이 말은 나에게 너무 명약관하했다! 불행하게도 많은 사람이 이런 잘못된 생각을 한다. 사람들의 예술적 자질은 살아가면서 점점 게으름이나 어리석음 때문에 약화된다. 그러나 실제로 예술적이고 창조적 사고의 소유자들이야말로 이 사회를 아름답게 만드는 데 공헌한다는 사실을 아는가? 이것이 우리가 재능을 발전시키면서 굳게 붙잡고 있어야 할 이유다.

또 다른 장애물은 우리 자신 안에 있는 두려움이다. 많은 이들은 자신이 예술가가 되기에는 재능이 충분치 못하다고 생각한다. 그러나 나는 "누구를 위해 충분치 못하다는 겁니까?"라고 묻고 싶다. 내가 아무리 잘한다 하더라도 누군가는 나보다 나은 사람이 있다는 것을 나는 오래 전에 배웠다. 그 이후로는 다른 사람과 나 자신을 비교하면서 걱정하는 대신 그저 내가 할 수 있는 최선을 다하는 것에 집중한다. 우리는 재능을 사용함으로써(우리의 창조적 근육을 단련하고 기술과 자신감을 개발하며 자신의 기능을 이해함으로써) 우리의 은사를 선하게 사용하다.

제니스는 매 장마다 생각을 불러일으키는 단어들과 연습과제들로 우리의 재능을 막고 있는 생각을 열어 준다. 이 책을 읽다 보면, 우리는 점차 자신의 자아를 바로 볼 수 있게 된다. 우리가 가진 창조력으로 놀라운 경험을 하면서 창조성을 믿지 못하게 하는 거짓을 뛰어넘을 수 있게 한다.

이 놀라운 여행은 첫 단계부터 차근차근 시작한다. 제니스는 우리의 능력을 막고 있는 무거운 짐을 내려놓는 방법을 알려 준다. 또한 그 재능을 추구하기 위해 필요한 믿음을 되찾고 성령의 인도하심을 구하도록 도와준다. 그녀는 우리의 신뢰 수준이 높아지면, 다음 단계로 나아가도록 격려한다. 일단 시작해 보라! 새롭게 세워진 재능의 문을 향해 한걸음씩 길을 만들어 가보라! 이 여행은 우리가 향하는 목적지에 관한 것이라기보다는 그곳에 가기 위해 우리가 무엇을 해야 하는지에 관한 것이다.

기술을 연마하는 것에는 아무 것도 필요하지 않다. 그래서 우리의 기술 수준이 기대에 못 미치더라도 좌절하지 않는 것이 중요하다. 완벽함을 기대하는 대신, 우리는 실수할 것이고(개인적인 성장 과정의 일부로 사용하도록) 이를 통해 배울 것이다. 내가 아는 한 어느 특정 매개체와 친숙하게 되는 첫 시도에서 완성된 걸작품은 없다. 만약 우리가 이러한 발전과정을 즐기고 실수하기를 두려워하지 않는다면, 결국에는 놀라운 비밀을 발견하게 될 것이다. 재능을 사용하면 할수록 우리가 느끼는 만족감과 기쁨은 커지고 그 일에 전문가가 된다는 것을 깨달을 때 진정한 흥분이 찾아온다. 이것이 여행의 일부이다. 그러므로 이제부터 즐기자!

토마스 블랙시어(Thomas Blackshear)

머리말

나는 '하나님의 명령에 따른'(God-ordained)이라는 말을 가능하면 쓰지 않으려고 한다. 특히 그리스도인 작가들과 믿는 자들이 많이 쓰는 이 용어는 믿지 않는 사람을 밀어내는 함의가 있다. 이런 말투는 영성의 언어를 혼란시킬 뿐이다. 언어는 사람들을 교화하고 통합시켜야지, 분리하고 층을 만들어서는 안 된다. 그러나 이 책의 경우에는 나도 그 범주에서 벗어나지 못한 것 같다. 『창조적 소명』은 하나님이 시키신 거부할 수 없는 일이었다.

이 책에 대한 필요성은 12주 동안 줄리아 카메론(Julia Cameron)이 쓴 『작가의 길』(*The Artist's Way*)을 읽으며 그 내용을 연구하던 중에 떠올랐다.(카메론은 예술적 개발을 영적인 문제로 다룬 창조성의 영역에서 베스트셀러 작가이다.) 또 내가 나의 예술적 재능에 관심을 기울이기 시작할 무렵에 스터디 그룹에 참가할 기회가 왔다. 그리고 카메론이 쓴 그 책이 내 안에 잠자고 있던 예술가를 일깨우리라는 희망은 실제로 이루어졌다. 카메론 여사에게 진심 어린 감사를 드린다. 이 분야에서 그녀는 개척자였으며, 내 안에 있는 창조성이 부활하도록 촉진했다.

내가 속해 있던 그룹은 그리스도인들로 구성되어 있다. 카메론의 책은 하나님과의 깊은 관계를 발견하기 위해 자신의 기술을 연마하기보다는 자신의 작품을 통해 자아를 발견하는 것에 좀 더 집중되어 있었다. 따라서 매주 누군가가 '그리스도인을 위한 이런 책이 있었으면!' 하고 바라는 소리를 듣게 되었다. 그리고 이것이 나에게는 깊은 곳에서 부르는 소리(calling)로 들렸기에 다른 작품 활동을 미뤄 두고 이 책을 쓰기 시작했다.

많은 그리스도인 예술가를 조사하다 보니 자신의 재능을 하나님에 대한, 그리고 세계에 대한 책임으로 생각하고 저술 활동을 하는 작가들을 많이 알게 되었다. 나는 창조성과 예술적 발전이란 주제에서 그리스도적이면서 세상적인 작품은 섭렵했다. 하지만 내가 속한 그룹의 사람들이 찾던, 성경에 기초하면서도 내면의 예술성을 불러일으키는 방법과 예술을 하나님께 가까이 가는 통로로 삼는 방법을 가르쳐 주는 책은 발견하지 못했다. 『창조적 소명』은 내가 창조적 자아를 발견한 산물이다. 이 책을 읽는 여러분이 이 책을 쓴 나만큼이나 많은 삶의 축복을 받기를 바란다.

그러므로 내 사랑하는 형제들아 견실하며 흔들리지 말고 항상 주의 일에 더욱 힘쓰는 자들이 되라 이는 너희 수고가 주 안에서 헛되지 않은 줄 앎이라(고전 15:58).

목차

방황

어린 시절 나는, 신앙을 내 나름대로 두 가지 창조적 형태인 글과 피아노로 표현했다. 7살인가 8살 때부터 일기를 쓰기 시작했는데, 어린 시절부터 사춘기까지 겪었던 모든 방황과 혼란을 그곳에 쏟아부었다. 선생님들과 부모님께서는 나에게 작가로서의 재능과 음악가로서의 소질이 있다고 말씀하셨다. 나 역시도 어렸지만 이런 재능이 하나님께로부터 왔다는 사실과 그것들이 나에게 그냥 주어진 것이 아니라 나를 통해 온 무엇이라고 느꼈다. 음악이 내 위에서 춤추고 있는 것 같다거나 내 글이 의도한 목적을 이루는 것을 보면 나는 행복해지고 밝아지며 완전해짐을 느꼈다.

마음으로 연주하기

9살이 되었을 때 연주회를 위해 베토벤의 '엘리제를 위하여'를 외웠던 적이 있다. 이 잊을 수 없는 아름다운 음악은 나에게 왜 '외운다'를 '마음으로'(by heart) 배운다고 하는지를 알게 해 주었다. 악보를 외워서 연주할 때에만 그 음악이 끌어내는 감정을 느끼는 데 자유로울 수 있었다. 마음으로 악보를 알기 전에는, 마음에서 우러나는 표현을 노트에 옮겨 생명을 불어넣을 수 없었기에 내가 하는 연습을 예술로 바꿀 수 없었다. 나는 가끔 음악이나 글로 자신의 삶을 표현하지 않는 친구들을 보면 그들은 어떻게 자신의 깊은 감정을 다루는지 궁금했다. 그들이 '마음으로' 하는 것은 무엇이었을까?

그러나 몇 년 후 내가 대학교에서 전공을 선택해야 했을 때 영문학이나 저널리즘 혹은 음악 공연을 공부해야겠다는 생각은 하지 않았다. 그것들이 내가 가장 잘할 수 있는 것이었는데도 불구하고 말이다. 나는 연주가로서 세계 정상까지 오를 수 있는 여성 피아니스트는 거의 없다는 조언을 받아들여 음악 교육을 전공하기로 결심했다. 교사라는 직업은 유일하게 음악으로 생계를 삼을 수 있는 확실한 방법이었기 때문이었다. 실패에 대한 경계심과 두려움이 전문 음악가로서의 나 자신을 믿지 못하도록 했다. 그 당시에는 내 삶을 향한 하나님의 비전을 보여 달라고 하나님께 여쭤 보는 것은 생각지도 못했다. 가슴보다는 내 머리를 따라 안전한 길을 선택했다.

2학년이 되었을 때 나는 전공을 영어 교육으로 바꾸었다. 이것도 여전히 내가 좋아하는 분야였다. 그러나 순수 영문학이나 저널리즘을 전공하는 것은 재빨리 포기했다. 이는 너무 위험한 생각이었기 때문이었다. 내가 가장 원하는 것은(세계를 바꾸거나 베트남전 반대와 같은 이상들이 아닌) 재정적인 안정이라고 생각했다. 예술적인 재능이 상당히 있으셨던 내 아버지도 긍정적이고 기업가적인 정신의 소유자셨지만, 예술가로서 생활을 하려고는 시도도 하지 않으셨다. 아버지는 예술가로서 모험이 경제적인 불안정이라는 결과를 가져올 수도 있다고 여러 번 말씀하셨다. 나는 교사가 되면 부자는 될 수 없지만 적어도 직업적으로는 안정을 얻을 수 있다고 생각했다.

23살이 되던 해 나는 마침내 초등학생부터 대학생을 대상으로 영어를 가르치는 교사가 되었다. 타인들의 삶에 영감을 주기 위해 창의적인 방법으로 언어에 대한 사랑을 가르쳤던 그 시절을 되돌아보면 자긍심과 만족감을 느낀다. 그럼에도 내가 교사로서 얼마만큼 성공했던지 간에 나는 여전히 하나님께서 나에게서 뭔가를 더 요구하신다는 느낌이 들었다. 어쩌면 하나님은 더 이상 내가 스스로 짜놓았던 안정감이란 바구니 속에 내 재능의 빛을 숨겨 두지 않기를 바라신다는 생각이 들었다. 편안한 내 서재와 갇혀진 음악실의 공간을 넘어서 그 재능들이 빛을 발하도록 해야 할지도 몰랐다. 이런 생각들은 내가 하던 일을 파트타임으로 줄이고 작가가 되는 데 좀 더 시간을 집중해서 사용하도록 나를 이끌었다.

"무릇 많이 받은 자에게는 많이 요구할 것이요 많이 맡은 자에게는 많이 달라 할 것이니라"(눅 12:48 후). 창조적인 사람들은 자신들의 창조적 재능을 행사하지 않을 때 뭔가 중요한 것을 빼먹고 있다고 느낀다. 또한 그들이 자신의 재능을 개발해야 할 책임을 회피하고 있다고 여긴다. 몇 년 동안 피아노에는 손도 대지 않았고, 글을 쓴다고 해 봐야 기껏 편지나 일기 혹은 학생들이 쓴 글에 코멘트를 다는 정도로 지내면서 나는 슬픔과 죄의식에 시달렸다. 이 책이 비록 죄책감에서 재능을 해방하기 위한 시술책은 아니지만, 예술적 재능을 살리지 않는다면 상당수가 죄책감을 가질 것이다. 만약 하나님께서 우리에게 창의력이란 재능을 주셨다면 그의 영광을 위해 그것을 사용하도록 '많은 것이 요구될' 것이다.

우리를 통해 나타나는 재능

우리의 재능은 하나님께로부터 우리에게 온 것이 아니라, 하나님께로부터 나와 우리를 통해 세상으로 가는 것이다. 이런 재능을 제대로 사용하지 못하면 정기적인 신체적 활동에 익숙한 사람이 여러 날을 운동하지 않을 때 느끼는 답답함과 안절부절 못함 그리고 공허함을 느끼게 된다. 또한 삶은 그 풍성함을 잃는다. 우리는 깊은 곳에 묻힌 무엇인가가 분출하기를 갈망하게 된다.

욥은 "내 속에는 말이 가득하니 내 영이 나를 압박함이니라. 보라 내 배는 봉한 포도주통 같고 터지게 된 새 가죽 부대 같구나. 내가 말을 하여야 시원할 것이라 내 입을 열어 대답하리라"(욥 32:18-20)라고 말한다. 이처럼 하나님이 주신 재능을 개발하고 사용하기를 게을리 한다면 불완전함, 채워지지 않음, 미완성, 심지어는 우울증을 느끼게 된다. 새 술병 같이 터질 것만 같다. 우리는 책을 섭렵하고, 여행을 하고, 새로운 것을 사며, 여러 사람과의 관계 속에서 일을 하며 바쁘게 살아간다. '충족감'이라 불리는, 손에 잡힐 듯한 것을 발견하기 위해 갖가지 행사에 참가하기도 한다. 돈과 시간을 '자아를 찾는' 결실 없는 추구에 소비할 뿐 하나님께서 우리의 재능을 어떻게 사용하기를 원하시는지 찾는 데 쓰지 않는다.

나는 창의력이란 재능을 가진 사람들이 예술 활동에 충분한 시간을 들이지 않기 때문에 과도한 시간과 돈을 심리치료에 사용하게 된다고 생각한다. 카운슬링의 치유적 가치를 평가절하하는 것은 아니지만, 언제가 되었든지 일단 과거를 되돌아보고 인생의 현 지점에 어떻게 도달했는가에 관해 이해하려고 노력한다면, 우리는 필경 하나님과 만나게 될 것이다. 과거를 바꿀 수는 없지만, 현재에 대해서는 어느 정도 통제할 수 있다는 사실을 알게 된다.

이 책이 바로 이와 관련한 것이다. 아무리 바쁘고, 할 일이 쌓여 있고, 압박을 받는 상황에 있다 하더라도 만약 하나님이 당신에게 주신 재능을 사용하려는 진지한 열망이 있다면, 만약 내 편에서 할 수 있는 일을 하겠다는 마음이 있다면, 하나님은 당신 편에서 신실하게 행하실 것이라는 사실이다. 이 책을 읽고 연습과제를 해 가는 동안 당신은 '내편에서 할 수 있는 일'이란 것이 당신 안에 있는 예술가를 존중하고 발전시키는 것임을 발견할 것이다. '하나님의 편'에서는 당신을 도와 당신이 창조적 활동을 할 시간과 자원을 마련하도록, 그리고 그의 영광을 위해 당신의 창작물을 사용하도록 도우실 것이다.

> 그저 존재하는 것이 우리의 소명이 아니다. 우리 자신의 삶, 정체성 그리고 운명을 창조함에 있어 하나님과 함께 일하는 것이다. _토마스 머톤(Thomas Merton)

당신이 이 책을 읽는 이유는, 자신이 파묻은 재능을 다시 땅 위로 꺼내 올리려고 진지하게 준비하고 있기 때문일 것이다. 어쩌면 당신은 자신의 예술가적 재능을 의심하고 있을지 모른다. 그러나 이는 당신이 자신의 재능을 개발할 기회를 얻지 못했기 때문일 수 있다. 아마도 당신은 가족이나 직업 때문에 자신의 재능을 한편으로 제쳐놓았을 것이다. 시간, 에너지 혹은 자신감의 부족이 걸림돌이 되었을 것이다. 당신은 성공적인 직업인이 되기 위해 자신의 재능을 사용했을 수 있다. 하지만 자신이 원하는 창조적 성향을 따르는 대신에 시장이 원하는 것을 생산하는 것에 지쳐 있다. 당신을 위해 최선이라고 믿는 다른 이들이 무심결에 뱉은 충고가 당신의 자신감에 상처를 주었을 수도 있다. 어쩌면 다른 사람과 나눌 재능이 있다고 믿는 것은 지나친 자만심이라고 생각하였으리라. 만약 이런 말들이 자꾸 가슴에 와 닿는다면, 그때는 깊이 파고들어 당신 삶의 표면 밑에 무엇이 있는지를 살펴보아야 할 시간이 된 것이다. 그때가 바로 자아를 표현하기 위해 시간, 에너지, 자신감을 찾는 것이 아니라 하나님이 주신 재능을 사용하기 위해 잃어버린 그 무엇을 발견할 때이다.

이 책은 하나님의 예술가가 된 우리에게 주신 하나님의 비전을 재천명하기 위해 쓰였다. "인내를 온전히 이루라 이는 너희로 온전하고 구비하여 조금도 부족함이 없게 하려 함이라"(약 1:4). 이 책은 새로운 삶을 선택해서 우리가 온전해지고 성숙해지며 완전한 인간이 되기까지 인내하는 방법을 알려 준다.

왜 이 책을 읽는가?

창작 의욕을 고취하려는 책들 중 일부는 영적 각성을 통한 예술적 재능 추구를 위해 신적 권능이나 어떤 모호한 창조적 원천에 집중하라고 한다. 그들은 심지어 '하나님'이란 단어의 사용이 '너무 기독교적'으로 들리는 것에 대해 사과하기조차 한다. 이런 작가들은 보통 한 개인의 예술성의 발휘가 영적인 일이라는 것을 인식하면서도, 하나님이 누구시며 우리가 그와 어떤 관계를 가지고 있는지에 관해서는 깊이 알지 못한다. '영적인 면을 얘기하는 것은 괜찮아. 단, 영성의 주인되는 분이 누구시고 그 원천이 무엇인지에 관해 너무 상세하지만 않는다면 말이야.'라고 생각하는 것이다. 하나님을 자아와 동일시하거나, 막연한 자연의 힘 혹은 창조적 에너지의 형태라고 이해하려는 입장은 영적 세상을 안전하게 규정하고자 하는 사람들의 입맛에는 잘 맞지만, 제대로 이해하지는 못하게 한다.

예술가들은 대부분 창조성과 영적 성장을 깊숙이 연관된 것으로 본다. 그러나 기독 예술인들은 한걸음 더 나아간다. 그들은 자신의 재능이 그 원천에 잇닿아 있어야 한다는 것을 깨닫는다. 우리를 창조하시고 그의 창조에 동역하도록 우리를 부르신 분이 바로 하나님이라는 사실을 말이다. 『창조적 소명』은 그리스도인들이 그의 가르침에 일관된 관점을 가지고 접근하도록 돕고자 한다. 자아를 찾아 예술적 성취를 이루겠다는 야망을 품기보다는, '스스로를 잃음'을 통해서 그리고 하나님께

창조적 소명

의지함으로써 우리는 그가 원하시는 방법으로 재능을 사용할 방법을 발견하게 될 것이다. '자아'를 비워 그의 계획과 성령의 이끌림에 열리게 된다면, 하나님이 의도하신 그 예술가를 발견할 것이다. 바로 그때 우리는 비로소 개인적인 예술적 부흥을 경험할 것이다.

창조적 소명에 대답하기

나는 예술적인 그리스도인들이 자신의 예술성에 대한 비전을 새롭게 선포하도록 돕기 위해 이 책을 저술했다. 또한 독자들에게 어떤 부담과 압박도 주지 않기 위해 상당히 여유 있게 내용을 구성했다.(일주일에 한 장씩 읽어 나가면 될 것이다.)

이 책은 개인이나 그룹으로 읽어 나갈 수 있다. 나는 포부를 가지고 예술 활동을 실천하는 예술인들(음악가, 배우, 요리가, 정원사에 이르기까지)이 속해 있는 여러 그룹을 이 책 『창조적 소명』으로 이끌었다. 많은 예술가들이 그룹 토의와 그룹 활동을 할 때 부담을 느끼기도 했지만, 동시에 다른 구성원의 감정적 지원과 기도 후원을 만끽했다. 예수님께서는 마태복음 18장 20절에서 이렇게 말씀하셨다. "두세 사람이 내 이름으로 모인 곳에는 나도 그들 중에 있느니라." 우리는 그룹 활동을 통해 우호적이고 공동체적인 환경에서 예술성이 새롭게 변하는 것을 경험함으로써 하나님과 동료 예술인들과 깊은 일체감을 느꼈다.

그러나 만약 당신이 혼자서 이 책을 읽기로 결정했다면, 당신의 작업을 통해 하나님과 당신의 예술적 자아가 사적이고 명상적인 교감을 갖도록 해야 한다. 이 책을 혼자 읽은 어떤 독자들은 '창조적 소명'이란 그룹으로 모이기도 한다. 먼저 이 책을 다 읽고 각 단계를 마친 사람이 다른 사람들의 리더가 되어 여러 활동을 해 본다면 더 멋진 일이 될 것이다.

이 책의 2장부터 각 장에는 5개의 연습과제가 있다.(1장에는 연습과제를 약간만 두어 그룹으로 할 때 첫모임에서 활용할 수 있도록 했다.) 혼자서 하든 그룹으로 하든, 나는 매주 한 장씩, 각 장을 5부분으로 나누어 하도록 권한다. 2장부터는 구별된 내용을 읽고 그에 따른 연습과제를 하나씩 해 가면 좋을 것이다. 모든 연습과제를 완벽하게 해야 할 필요는 없다. 그러나 연습과제를 해야 이 과정을 실제로 해 나가는 것이기에 그렇게 하기를 권한다. 또한 토론 그룹이 있다면 모일 때마다 그 전 주에 있었던 서로의 생각과 발견을 나누고 연습과제를 풀며 구성원끼리 발표할 수 있다. 이것은 당신의 창조적인 발전에 다른 사람의 생각을 불러들일 수 있는 좋은 방법이 된다. 서로의 답변을 나누면 다른 구성원들도 자신과 같은 감정을 많이 느끼고 있다는 것을 알게 되어 격려가 될 것이다. 만일 당신이 혼자 이 활동을 해 나간다 하더라도 연습과제를 실제로 해 봄으로써 예술의 관한 통찰력을 얻을 수 있다.

연습과제에 대한 내용은 대부분 책에 직접 쓰면 된다. 그러나 때로는 8주 동안 이루어지는 이 연습이 당신 안에서 잠자고 있는 예술가를 깨우는, '예술가 노트'를 기록하려는 시도를 촉발할 수 있다. 예술가 노트를 위해서는 매일 20분 규칙적으로 투자하는 것이 좋다. 본론 2장에서 이런 종류의 일기를 써야 하는 이유를 서술하겠지만, 원한다면 지금 바로 예술가 노트를 시작해 보는 것도 좋다. 이 노트의 목적은 3가지이다. 첫째는 당신이 지금 막 시작한 예술가로의 여행 기록을 계속하도록 격려하기 위한 것이며, 둘째는 매일 특정한 시간을 내어 하나님이 당신 자신과 예술에 관해 보여 주시는 것에 귀를 기울이도록 돕기 위한 것이다. 셋째는 적어도 매일 창조적인 활동 한 가지에 참여하는 습관을 기르도록 하기 위함이다. 이러한 습관은 좀 더 생산적인 예술가가 되기 위해 거쳐야 하는 중요한 단계이다.

내가 최선의 상태로 운영되고 있을 때 일이 내 기도가 된다. 그것은 기도가 나오는 곳-중심, 곧 마음-과 같은 지점에서 발현된다. _매튜 폭스(Matthew Fox) 박사

각 장은 당신이 암기해야 할 성경구절로 시작한다. 이 성경구절을 암송하면 그 장의 주제를 가슴에 새길 수 있게 될 것이다. 한 주 동안 창조력을 일깨우는 작업을 하면서 '성경암송'을 실천하면, 그 성경구절을 통해 하나님이 나에게 말씀하려고 하시는 것에 집중할 수 있다. 만약 당신이 다른 사람들과 함께 『창조적 소명』을 공부한다면, 모임을 시작하면서 성경을 함께 암송할 수도 있다.

창조력의 빗장을 푸는 열쇠 중 하나는 '행동'이라는 것을 당신은 이 책을 공부하는 동안 알게 될 것이다. 즉, 해야 할 일을 해 나가야 하는 것이다. 그리고 이 책을 집어 들었다는 사실이 바로 이런 '긍정적 행위'의 시발이다. 하루에 한 시간, 일주일 중 5일을 이 책의 연습과제를 하는 데 시간을 투자할 마음이 있다면, 8주가 지난 마지막에는 자신의 재능을 보는 당신의 시각과 시간 사용법 그리고 예술가로서 자신에 대한 시각이 달라져 있음을 알게 될 것이다.

이 책을 통해 당신은,

① 영감과 명상의 원천인 성령을 깨닫는 방법을 배울 수 있다.

② 예술적인 재능을 정기적으로 사용함으로써 스스로를 예술인으로 생각할 수 있다.

③ 글을 쓰는 행위를 함으로써 잠자고 있던 사물에 대한 인식법을 발전시킬 수 있다.

④ 좀 더 풍성하고 깊이 있는 기도 생활과 함께 예수 그리스도와 좀 더 친밀한 관계를 맺을 수 있다.

당신의 재능이 무엇이든, 하나님께서 밝혀 주시는 그의 예술가가 될 비전에 준비되어 있다면, 성령이 천국의 숨길로 당신을 가득 채워 줄 빛의 장소로 그 재능을 가져 갈 준비가 되었다면, 그리고 가슴으로 움직일 준비가 되었다면 지금 시작하라.

Chapter 01
시작하기

태초에 말씀이 계시니라 이 말씀이 하나님과 함께 계셨으니 이 말씀은 곧 하나님이시니라 그가 태초에 하나님과 함께 계셨고 만물이 그로 말미암아 지은 바 되었으니 지은 것이 하나도 그가 없이는 된 것이 없느니라(요 1:1-3).

나는 예수를 '말씀'으로 생각하기를 즐겨한다. 만물은 말씀을 통해서 지어졌다. 따라서 말씀은 하나님의 창조력의 표현이자 그분의 아들인 예수 그리스도의 표현이다. 자신의 창의력을 막 일깨우기 시작한 작가들에게 이는 매우 놀랍고 강력한 사실이다. 모든 창조의 과정이 말씀을 통해 시작했다. 따라서 하나님의 말씀을 통해 우리의 창조력도 새로워질 것이다.

"그를 통하여 모든 것(우리, 독특한 재능과 능력을 가진 유일무이한 자아)이 만들어졌다." 하나님은 우리를 창조하시되 우리에게 자신만의 예술적인 언어를 주셨다. 우리의 '말'은 그 표현의 매개가 무엇이 되었던지 자신을 창조적으로 표현하는 방법이다. 당신 안에 있는 예술가를 발견하거나 깨우고 싶다면, 이 책은 당신의 독특한 창조적인 언어에 불을 밝혀 줄 것이다. 그리고 그 언어는 성령의 권능과 영감을 통해 예술적 언어로 거듭날 것이다.

개인적인 창조력을 발견하는 것에 어떤 가치를 두겠다면 그 발견의 과정은 "말씀이 육신이 되어 우리 가운데 거하시매"라고 한 창조력의 원천에 우리를 가까이

가도록 하는 것이다. 하나님의 말씀 안에 우리가 든든히 서 있을 때, 우리 예술의 표현으로써 우리의 말들이 드러날 것이다.

새로운 시작

이제부터 새로운 마음으로 시작해 보자. 창조력을 발견 혹은 재발견하는 작업을 하기 전에 먼저 하나님의 보호하심과 집중을 구하는 기도로 주변을 가득 채워야 한다. 아래에 있는 예술가 강령을 기도로 사용해도 좋다.(그룹으로 이 책을 사용하고 있다면 나 대신에 '우리'라는 말을 넣어 읽도록 한다.) 이 책을 읽고 여러 활동을 해 나가는 동안, 하나님이 당신을 예술인으로 부르셨다는 당신의 믿음에 맞는 개인적 비전을 예술가 신조로 만들어 보자.

아직 그렇게 하지 않았다면, 당신 안의 예술가를 자유롭게 하려는 지금, 잠깐 동안 성령의 지도하심과 지혜를 구하는 기도를 해 보자. 이 책 부록에 실린 성령께 드리는 기도 중 하나를 사용해도 좋다.

예술가 강령

나는 내 재능이 하나님의 선물이라는 사실과, 내 인생과 하나님의 세계에서 그의 목적을 이루기 위해 그 재능을 사용해야 함을 믿는다. 나는 내 재능을 사용하는 방법에 관해 하나님의 비전을 겸손히 구하며 이를 받아들인다. 내 자신에 대한 의심과 자아도취에서 나를 자유롭게 하시기를 성령께 구한다. 나는 내 재능과 은사가 그의 빛 안에서 드러나고, 그가 의도하신바 온전하고 완전한 인격이 되기를 간구한다. 그리고 나를 향하신 하나님의 계획에 가깝게 일치하기를 기도한다.

예술가란 무엇인가?

*American Heritage College Dictionary*에서 예술가의 정의를 살펴보면 예술가란 "미적 가치를 가진 상상의 작품을 생산하는 자", "그 작품이 상당한 창조성이나 기술을 가지고 있는 자"라고 나와 있다.

그렇다면 당신은 예술가를 어떻게 정의하겠는가? 아래의 공란에 당신이 생각하는 예술가의 정의를 써 보라.

"나는 예술가란 … 이라고 생각한다."

____

____

순수 예술은 시각, 음악, 무대 예술 그리고 문학적 창작물을 포함한다. 그러나 '예술가'란 단어는 멋들어진 미각적 경험을 창조하는 요리사나 자연을 팔레트로 삼는 정원사, 사진사, 퀼트인, 도공, 수예인, 스테인드글라스 제조인 그리고 창조력을 사용하여 세상에 뭔가 새롭고 의미 있는 것들을 생산하는 모든 사람을 포함한다.

예술은 창조력이 이끄는 데로 자신이 따라야 할 의무가 있음을 인식하는 데서부터 시작한다. 그러나 이것이 왜 어려운가? 그 이유는 어렸을 때 잘 알고 있던 것을 나이가 들면서 잊어버리기 때문이다.

_디나 메츠커(Deena Metzger)

이 책은 예술적 재능을 지니고 있으면서 그것을 개발하지 못하고 묻어 두고 있다고 느끼는 사람들과 좀 더 의미 있는 예술적 삶을 살고 싶은 사람들을 위해 쓰였다. 그들은 자신의 삶에 뭔가 빠져 있다고 느낀다. 그들은 자신의 재능을 발견하고 좀 더 완전하게 사용하기를 원한다. 그렇지 않으면 뭔가 중요한 일이 미완성으로 남게 됨을 알기 때문이다.

당신은 숨겨진 당신의 재능으로 자신을 예술적으로 표현할 매개를 찾고 있을지 모르겠다. 그러나 당신 혼자만 그런 것은 아니다. 성인이 되어서야 발화하는 일종의 르네상스기의 사람이 있다. 화학 교수인 내 남편은 30대 초반에 연극에 재능이 있음을 알게 되어 그 이후로 지역사회에서 공연을 하고 있다. 지난 몇 년 동안 그는 성악에 대한 사랑으로 여러 아카펠라 그룹과 함께 일하였고, 때로는 공연에 대한 대가를 받기도 했다. 최근 그의 생일날 성악 레슨(처음으로 받은 정식 음악 교육)을 선물로 주었다. 어린 시절에 음악 교육이나 미술 학원에 다니지 않았다고 해서 그 분야에 재능이 없다고 믿을 이유는 없다. 그래서 이 책은 재능에 녹슨 사람들뿐만 아니라 재능은 있는 듯하나 그것을 발전시키지 못했던 사람들도 언급할 것이다.

회상해 보기

어린이들은 대부분 '자신이 예술가라고 생각하느냐?'라는 질문에 주저함 없이 그렇다고 대답할 것이다. 그들은 그림을 그리고, 노래를 만들며, 찰흙으로 작품을 만든다. 또한 춤을 추고, 누군가와 이야기할 뿐만 아니라 연극도 한다. 어린이들은 태어날 때부터 상상력과 창조력을 지니고 있다. "이야기에 맞는 그림을 그려볼까요?"라는 질문은 내가 가르쳤던 초등학교 작문 교실에서 가장 흔히 하던 질문 중 하나였다. 우리는 성장하면서 점차, 혹은 급작스럽게 한때 자연적이고 삶의 중요한 한 부분이었던 그 재능을 사용하지 않게 된다. 왜 그렇게 되는 것일까?

아직 당신의 재능을 사용하고 있었을 때를 되돌아보거나 당신이 그것을 사용하고 있을 때를 생각해 보라. 당신이 예술 행위에 몰두할 때 느끼는 기분을 떠올려 보라. 당신의 예술적 자아가 우선되었을 때의 기분을 세 단어나 문장으로 설명하라.

____

____

____

세 단어나 문장을 볼 때 창조적 행위는 한때 당신에게 어떤 의미가 있었는가?

____

____

____

이제 당신이 '성인'의 책임을 다하느라 시간을 소모할 때 드는 감정에 대해 생각해 보라. 자신의 예술적 자아가 개입되지 않은 활동을 하면서 느끼는 기분을 세 단어나 문장으로 써 보라.

____

____

____

당신의 두 모습에 대해 당신 자신은 어떻게 생각하는가?

____

____

____

어떤 이들은 자신이 창조적이 되는 순간을 '죄책감', '불안감', '무책임함', '멍청함', '이기적임', '외로움' 혹은 '별 볼일 없음'이란 단어를 사용해 표현한다. 그러나 어떤 이들은 '재미있는', '걱정 없음', '대담해짐', '만족감', '충만감' 그리고 '행복'이란 단어를 사용해 표현한다.

예술인이 아닌 성인의 삶을 생각하면 '책임감', '신뢰성', '믿음성', '경제적 안정', '목표지향적' 혹은 '성숙'이란 단어가 생각날 것이다. 어쩌면 '좌절감', '불행', 혹은 '공허함'이란 단어를 사용해서 표현했을지도 모르겠다. 당신의 답변이 어떠한 것이었든, 그 단어들이 당신 안의 예술가를 양육하려는 자신의 태도를 나타내 주고 있다는 사실에 주목하라.

순수 예술의 압박

삶은 당신 안에 존재하는 예술가에게 위협적일 수 있다. 대부분의 사람들도 마찬가지이다. 그러나 이러한 압박감의 원천을 정확히 집어내기란 어렵다. 외부적인 위협자로는 부모님, 친구, 선생님 그리고 단순히 '분별 있는' 길로 당신을 유도하겠다는 선한 의도를 지닌 사람들이 이에 해당한다. 그들의 '가장 좋은 것'을 지도해 주겠다는 태도는 당신의 재능을 완전하게 개발하도록 이끌어 주지 않는다. 당신이 어린 시절에 존경했던 분은 당신을 실망감에서 보호하려고 당신에게 결코 성공적인 예술가가 되지 못할 것이라고 충고했을지도 모르겠다. 또한 내적인 위협자로는 다른 사람들의 작품과 자신의 작품을 비교하는 당신의 비판적인 정신이었을 수 있다. 이 세상에서 살아가려면 경제적으로 안정되어야 한다는 위협은 직업적 예술가가 되어야겠다는 생각을 하지 못하게 만든다. 시간에 쫓기는 바쁜 일상은 그 나머지를 앗아간다.

스스로 이런 질문을 던져 보자. 당신은 삶의 영역에서 하나님의 뜻을 진지하게 구해 본 적이 있는가? 당신에게 주신 재능으로 하나님이 무엇을 원하시는지 그분께 여쭤 본 적이 있는가? 당신이 좀 더 젊었을 때 하나님으로부터 분명한 소명을 구하고 받았더라면, 당신의 인생에 어떤 결론을 내렸겠는가? 그러나 비록 젊은 시절에 이를 놓쳤더라도 인생의 어느 시점에서라도 그러한 약속과 기름부음을 구할 수 있다.

성경에서는 비이성적이거나 심지어 무책임하게 보일 수 있는 일을 하도록 하나님의 부름을 받았던 사람들의 이야기가 나온다. 아브라함은 아들을 희생 제물로 바치도록 부름받았고, 모세는 애굽의 노예로 있던 이스라엘 백성을 인도해 내도록 지시받았으며, 야곱의 아들인 요셉의 꿈은 요셉을 이집트로 끌려가게 만들었는데, 그곳은 바로 하나님이 그를 사용하고자 하던 장소였다. 이것은 단지 구약의 몇 개의 예를 든 것뿐이다. 신약에서는 예수님이 제자들을 그들이 있어야 할 곳에서 떠나 전혀 새로운 무엇을 창조하도록 초대하셨다. 부자 청년의 예화에서처럼 그들이 자신의 세상적인 안정을 뒤로 남겨 두고 예수님의 초대를 받아들일 수 없었다면 어떻게 되었을까? 또한 예수님의 어머니인 마리아는 어떤가? 그녀는 누가복음 1장 34절에 가브리엘 천사에게 고백한 것과 같이 남자를 알지 못하였음에도 메시아를 출산하도록 부름받았다. 그 소명에 대한 그녀의 답변은 가족들과 친구들에게는 어쩌면 무책임한 것이었는지도 모르겠다!

이런 성경적인 인물과 비교하면 예술가로서의 우리의 소명은 거의 평범할 지경이다. 전혀 놀랍거나 위대하지 못하다. 그러나 우리는 자신의 길을 찾기 위해 바쁘다. 목표를 세우며 계획을 이루는 동안 종종 영적인 충만함(하나님의 비전을 우리의 삶에서 찾고, 듣고, 행동으로 이루는 일)으로 가는 도상에서 멀어지거나 이를 간과하고 만다. 여기에는 우리가 자신의 재능과 은사를 사용하는 방법도 포함한다.

하나님이 의도하신 창조적인 삶을 즐기는 대신, 우리는 상당한 시간과 에너지를 사용하여 소위 제대로 된 생업(직업, 우정, 가족, 학교, 교회, 사회 그리고 재정적인 의무)에서 멀어지지 않으려 재능을 묻어 버리는 것은 아닌가? 이를 깨닫지 못한 우리는 상상력과 재능을 작은 상자에 싸서 의식의 저편 어딘가에 잘 쌓아 놓는다. 우리를 위한 하나님의 목적의 일부에 우리의 은사가 속해 있음을 인식하지 못한다. 또한 재미있고, 창조적이며, 상상력 있는 자아를 행사하기를 멈추고 대신 생계유지와, 가족, 집의 생필품에 집중하느라 우리 자신을 어른들 세상으로 이끌고 가 버린다.

'창조'를 위해서 당신은 당신 안의 비평가와 맞서 그들의 능력을 훔쳐야 한다. 그 비평가들이 누구인지 알아내는 것부터 시작하라.

_조지아 허드(Gerogia Heard)

창고나 옷장 혹은 다락에 짐이 너무 가득 차서 무엇이 있는지 모르거나, 혹은 있다는 것을 알아도 어디에서 찾아야 할지 모를 때가 있다. 뭔가 필요하게 되면 쌓아 놓은 물건 때문에 옷장, 다락 혹은 창고 전체를 다 뒤집어 놓아야만 하기도 한다. 그와 마찬가지로 자신의 재능을 묻어 두고 좀 더 급한 일과 책임을 우리의 창조적인 생활 앞에 쌓아 둔다면 예술적 자아는 옷장 맨 뒤로 밀려가게 된다. 대부분은 처음부터 재능을 사장시키려고 했던 것은 아니다. 점차 그렇게 되어가는 것이다.

인간성에 내재한 창조적 자아는 하나님의 이미지이다.

_메리 데일리(Mary Daly)

당신의 재능이 왜 사장될 수밖에 없었는지 그 이유를 설명해 보자. 어린 시절에 들었던 몇 마디의 '맥 빠지는 말' 때문이 아니었던가?

① "네 미래를 생각해 보았다. 꼭 그렇게 경쟁이 심한 예술 분야에서 네 인생을 치열하게 보내고 싶은 거냐?"

② "너는 정말 훌륭한 재능을 가졌어. 항상 그 ____을 하면 즐겁게 취미생활
을 할 수 있을 거야. 하지만 그래도 생활을 위해서는 뭔가 다른 것을 찾아
야 하지 않겠어?"

③ "실제로 ____가 되는 사람이 얼마나 될 것 같니? 성공률이 너무 낮아. 나
는 네가 실망하는 모습을 보고 싶지 않아."

아래에 당신이 직업이나 취미로 자신의 재능을 추구하지 못하게 만든 '실망의
언어'가 있다면 써 보라. 당신의 재능이 무엇인지 아직 발견하지 못했다면, 그렇게
하지 못하게 만든 것이 무엇이었는지 생각해 보라.

____

____

____

이 책 1장부터 4장까지는 당신 안에 존재하는 예술가가 발전하지 못한 이유
를 살펴보게 될 것이다. 당신의 예술 행위가 하나님 경배의 한 형태가 된다는 사실
을 알게 될 것이고, 하나님께 더 가까이 가기 위해 당신의 재능을 활용하는 방법
을 발견할 것이다. 예술적 발전을 억제하게 된 이유를 알게 된다면, 그에 대한 비난
에서 용서로 쉽게 옮겨갈 수 있다. 아직은 예술가 노트를 사용해서 옛 상처의 자
국을 없애고 비난과 분노를 놓아 버려야 한다. 용서라는 행위는 과거와 미래의 낙
심에서 우리를 자유롭게 하며, 하나님의 창조적 권능이 우리를 타고 흐르게 할 수
있다. 그런 다음 나머지 5장에서 8장까지는 진정으로 창조적 존재가 되기 위해 필
요한 고독감을 만끽하고, 시간과 장소를 더 유용하게 사용하도록 삶을 단순화하
는 활동을 할 것이다.

기대할 것들

지금은 시작하는 시간이다. 이 책을 읽기 전에 혼자든 그룹이든 다음과 같은 약속을 스스로에게 하라.

① 매주 한 장씩 읽고, 할 수 있는 한 많은 연습과제를 하라.

② 매주 그 주의 성경구절을 암송하라.

③ 적어도 일주일에 5일은 글을 쓰라. 비록 작가는 아니라도 어떻게 당신이 예술가 노트를 통해 예술 행위를 시작할 수 있는지는 다음 장에서 설명할 것이다.

④ 창조적인 작업의 결과가 가져올 당신 삶의 변화에 대해 하나님이 중심이 되도록 매일 기도하라.

⑤ 그룹으로 진행한다면, 각 활동이 제 시간에 시작하고 끝나도록 하라.(시간을 잘 맞추는 사람이라면 정시에 그리고 조금씩 늦는 사람이라면 15분 일찍 도착하도록 시간을 조절하라.)

⑥ 하나님이 당신에게 예술적 재능을 주신 데는 이유가 있다. 하나님께서 당신이 그 재능을 사용하기를 원하신다고 믿는다면, 당신의 나이가 얼마든 아직 늦지 않았다!

이 책을 그룹으로 하려는 분들에게 도움을 주는 몇 가지 제안을 하려 한다. 이 제안은 책의 각 장에 적용된다.(혼자 이 책을 할 것이라면 이 지침을 읽어 가는 동안 마음에 새기도록 하라. 특히 한 주 동안 반드시 한 장〈chapter〉은 해야 한다.)

① 다음 장을 읽으라.

② 첫머리의 성경구절을 외우라. 다음 모임을 시작할 때 이 구절을 암송할 준비를 하라.

창조적 소명

③ 아침마다 예술가 노트에 20분간 기록하라.

④ 할 수 있는 한 이 책의 과제를 많이 다루도록 하라. 이것은 노트를 쓰게 하기 위
한 과제이지만, 당신의 노트에 쓸 다른 것이 있다면 따로 작성해도 된다.(2장에서
이 문제에 대해 설명할 것이다.)

⑤ 매일 구성원을 위해 기도하라. 이는 아무리 강조해도 지나침이 없다. 당신이 생
명을 하나님 아버지의 손에 올린다면, 그리고 당신이 예수님의 이름으로 모이고
성령을 통한 개인적 영적 성장을 추구한다면 하나님은 당신 마음에 존재하는
열망을 기뻐하실 것이다.

이제 하나님의 창조적인 부름을 듣고 그에 답할 시간이다. 당신의 예술성이 눈
을 뜨는 동안 당신의 길을 지키시도록, 그의 은혜로 주변을 둘러싸도록 기도하라.
그의 뜻을 따르기 위함이지 우리 자신의 에고를 만족시키기 위함이 아니다. 이런
사실을 이해한다면 우리가 원하던 창조의 물주기가 우리를 타고 흐르기 시작할 것
이다.

이 세대를 본받지 말고 오직 마음을 새롭게 함으로 변화를 받아(롬 12:2).

Chapter 02

말씀 듣기

여호와여 아침에 주께서 나의 소리를 들으시리니 아침에 내가 주께 기도하고 바라리이다(시 5:3).

아침이 되어 누구보다 먼저 잠에서 깨어나면 집은 고즈넉한 적막에 잠겨 있다. 나는 남편이 평소 일어나는 시간보다 일찍 알람시계를 맞춰 놓고, 이 침묵의 시간을 홀로 즐긴다. 하루를 위해 커피를 마시고 서둘러 책상으로 간다. 그리고 백단초에 불을 밝히고 잠시 앉아서 그 침묵에 귀를 기울이며 깨어나는 세상의 소리를 듣는다. 이 시간이 나에게는 하나님의 음성을 들을 수 있는 가장 좋은 시간이다. 물론 언어로가 아니라 침묵 속에서 말이다. 나는 펜을 들고 쓰기 시작한다. 무엇이든 생각나는 대로 쓴다. 때로는 내 삶에 관한 것이기도 하고, 때로는 나를 괴롭히는 그 무엇이 되기도 하며, 때로는 전날 일어났던 일을 적기도 한다. 나는 그 시간에 하나님이 주신 모든 귀한 선물에 감사하는 기도를 한다. 또한 다른 이를 위해 중보기도를 하며, 그가 내 말을 들으시고 응답하실 것이라는 것을 알게 된 그 기적에 대해 찬양하기도 한다.

동트기 전 이 시간이 내게는 하나님의 말씀을 듣고, 또 내 말을 들으시는 하나님을 알아가는 예술가의 삶의 기초이다. 이때는 내 정신이 잠이란 무의식에서 완전히 깨어 나지도 않았지만, 한낮의 자아의 상태로 완전히 옮겨가지도 않은 시간이다. 작가인 매 들린 랭글(Madeleine L'Engle)은 이런 시간을 가리켜 "'존재'의 시간, 우리 모두가 영적 인 건강을 위해 필요하지만 종종 충분히 누리지 못하는 시간"이라고 정의한다.[1] '존재 의 시간'은 투쟁하기를 멈추는 시간이다. 그 시간에 우리는 기대하는 마음으로 창조 주이신 하나님이 피조물인 우리에게 하시려는 말씀을 들을 수 있다. 존재의 시간은 "주여, 당신이 나에게 주신 재능으로 내가 무엇을 하기를 원하시나이까? 내가 갈 길 을 인도하여 주세요."라고 묻는 시간이다. 이때는 침묵에 귀를 기울이는 훈련을 하 게 된다. 랭글은 계속해서 이렇게 말한다. "내가 침묵에 귀를 기울일 때면 예술에 대한 내 감정과 우주의 창조주이신 그분에 대한 내 감정이 불가분의 관계임을 알게 된다."[2] 실제로 예술 행위를 시작하기 전에 예술가인 우리에게 하나님이 하신 말씀 을 듣는 예술을 실천해 보도록 하자.

기대함으로 듣기

'바란다'(waiting in expectation)는 말은 하나님이 당신이 듣기 원하는 것을 들으려 는 것이다. '기대'(expectation)란 단어는 '확신'(confidence)이라는 의미를 함축한다. 그 것은 구약 70인역과 신약에서 사용되었는데, 같은 뜻을 가진 그리스어로는 'elpizo' 가 있다. 이는 '확신에 찬 기대'라는 의미이다. 현재는 좀 더 약화된 단어인 '소망' 으로 종종 번역한다. 다윗이 시편 5편을 쓸 때 그는 하나님이 자신의 말을 듣고 계 시다는 것과 응답하실 것에 의문을 품지 않았다. 다윗은 그저 소망하지만은 않았 다. 그는 하나님이 자신의 말을 들을 것이며 말씀하실 것이라는 확신에 찬 기대를 하였다. 우리는 소음에 가득 찬 세상에 살고 있다. 다윗과 마찬가지로 우리는 주님의 경고를 따라야 한다. "이르시기를 너희는 가만히 있어 내가 하나님 됨을 알지어다"(시편 46:10 전).

연습과제 1: 듣는 연습

아침 기상부터 저녁 잠자리에 들기까지 당신이 매일 듣는 즐거운 혹은 즐겁지 않은 것 (소리)의 목록을 적어 보라.

____

____

____

____

____

자신이 적은 목록 중에 긍정적인 것에는 별표를, 부정적인 것에는 동그라미표를 하라.

우리가 잠잠히 있어, 노력하기를 멈추고, 우리 주변과 우리 안에서 일어나는 모든 것들을 잘 이해하기 시작할 때 우리는 하나님이 예술가인 우리에게 주시는 메시지를 늘을 수 있다.

예술가 노트

이 장에서 우리는 당신 자신이 적막의 시간을 갖고, 하나님이 당신에게 주시는 말씀을 잠잠히 들을 수 있도록 도와주는 방법을 살펴보고자 한다. 근육은 계속 사용해야 하고 악기는 꾸준히 연습해야 하듯이 예술가적인 태도도, 우리가 개발하기를 원한다면, 반복해서 사용해야 한다. 우리 안에 있는 예술가가 양성되도록 하나님의 인도를 받기 위해서 우리는 삶의 소음과 잡음에서 멀어져야 한다. 우리는 하나님과 우리 사이에 연결된 통로를 열어야 한다. 그렇게 하기 위한 가장 확실한 방법은 예술가로서의 성장을 충실하게(가능하면 매일) 기록하는 것이다. 우리는 이런 기록을 '예술가 노트'라고 부르는데, 그것은 스스로가 자신을 예술인으로 자부하기를 원하기 때문이다. 당신은 예술가 노트에 들이는 시간을 예술가가 되기 위한 여행의 일부로 생각해야 한다. 당신은 기록을 통해 하나님과 독대하는 시간을 보내는 습관을 개발해야 한다. 그러면 글을 쓰는 것과 듣는 것 그리고 듣는 것과 예술가로 존재하는 것 사이에 분명한 관계가 있다는 것을 알게 될 것이다.

그러나 글쓰기가 나 혼자 주장하는 독창적인 방법은 아니다. 창조적인 사상가들은 시대를 막론하고 정기적으로 자신의 생각, 아이디어, 감정을 일기나 저널 형식으로 혹은 그냥 노트에 적었다. 평범하거나 비범하거나 글쓰기는 상당 부분 인간 역사 기록의 원천이 되어 왔다. 많은 사람들은 글쓰기가 인생의 가장 중요한 시기에 동료이자 연인이 되었다고 증언한다. 잠잠히 홀로 앉아 있는 시간에 우리는 기쁨과 슬픔을 빈 종이에 쏟아 내면서 그저 '존재함'이라는 선물을 즐기는 것이다.

예술가 노트의 또 다른 효용은 특별히 행복하고 만족스러웠던 시간이 주었던 긍정적인 행동들을 되돌릴 수 있다는 것이다. 이는 찬바람 부는 한겨울과 같은 인생에서 우리가 나아갈 길을 찾는 데 도움을 준다. 노트에 적어놓고 나중에 그 내용을 읽어 보면, 어떤 것은 이루어졌고 어떤 것은 이루어지지 않았는지 인정하는 법을 배울 수 있다. 작가는 아이디어, 이미지, 개성, 대화 그리고 다른 작품의 플롯을 적어 두는 아이디어 노트로 이를 활용할 수 있다. 시각 예술가는 종종 작품을 위한 아이디어를 기록할 때 무의식적인 창작의욕이 힘을 받는다. 음악인은 노트에 가사를 적거나 조용한 분위기에서 떠오르는 멜로디를 적어 둘 수도 있다. 그리고 모든 예술가는 하나님께 드리는 기도와 하나님의 말씀을 노트에 적을 수 있다.

창조적 소명

수년 전 나는 복음주의자이면서 작가인 피터 로드(Peter Lord)가 자신의 책, 『하나님의 음성』(*Hearing God*)에 관해 말한 것을 들었다. 그는 하나님이 우리에게 하시는 말씀을 듣기 위해서는 매일 아침 경건시간에 글쓰기를 해야 한다고 권고한다. 그는 자신의 컴퓨터를 사용하여 예술가 노트를 작성하는데, 이는 자료를 검색하고 글쓰기를 하는 동안 떠오르는 성경 구절을 찾기 위함이다. 로드와 다른 많은 사람은 빈 종이에 손으로 글을 쓰는 것보다 컴퓨터에 직접 생각을 옮기는 것이 더 쉽고 효과적이라고 말한다. 그러나 나 같은 경우에는 고전적인 방법을 좋아하는데, 그것은 교통이 막히거나 약속 장소에 좀 일찍 도착하거나, 혹은 공연 시작을 기다리는 동안, 즉 그저 '흘려보내는' 시간을 방지하기에 좋기 때문이다. 어떠한 방법이든지 자신에게 맞는 것을 스스로 택하는 것이 좋다.

나는 내 노트를 하루의 생활과 생각을 기록하는 것에 사용한다. 더불어 하나님의 말씀을 듣기 위한 노력의 일환으로 사용한다. 시간이 지나면서 나는 기록의 중심이 내 삶과 내 자신에서 하나님으로 옮겨져 하나님이 내 삶을 움직이고 계심을 깨달았다. 나에게서 하나님께로 중심이 옮겨지자 더 많은 축복이 내 삶 가운데 찾아왔다.

하나님은 우리가 그에게로 시선을 옮겨 필요한 것을 요청하기를 원하신다. 그는 하나님이 얼마나 놀랍고 사랑이 많으신 분이신가를 우리에게 보여 줄 기회를 엿보고 계신다. 글쓰기는 그에게 길을 열어드리고 번잡한 마음을 잠잠히 함으로써 그의 말씀을 듣게 한다. 그것은 우리 정신의 창조적인 면, 즉 일상생활에서 자주 사용하지 못하는 뇌의 일부분을 담아 두는 습관을 기르도록 도와준다. 그리고 글쓰기는 하나님이 우리에게 하실 말씀을 기다리는 데 좀 더 많은 시간을 투자한 결과에서 생긴 개인적인 변화를 기록하는 방법이기도 하다.

여호와여, 주께서 아침에 나의 소리를 들으시니

당신이 예술가 노트를 어떻게 사용하든지 적어도 아침에 일어나 먼저 글을 쓰는 시도는 해야 한다. 어떤 창의력 전문가는 하루의 어느 때에 글을 쓰든 글을 쓰는 것 자체가 우뇌의 창조성을 열어 주는 역할을 한다고 한다. 하지만 나는 새벽시간에 글을 쓰는 것을 더 권장한다. 우리는 대부분 이른 아침이 되면 더욱 정서가 풍부해지고 미묘해지며 꿈꾸는 상태가 된다. 세상이 아직 우리를 다 데리고 가 버리지 않았고, 우리는 그날 입을 옷을 다 걸치지 않았다. 그렇기 때문에 깨어난 바로 그 첫 시간이 '진솔한' 자아가 나타나는 때다. 그때에 글을 쓰는 것은 아직 자신을 다 가리지 않은 상태이므로 내면이 가장 잘 드러난다. 당신이 비록 '아침에 일찍 일어나는 스타일'이 아니라 하더라도 아침에 쓰는 글은 당신이 창조적 자아에 닿을 수 있는 가장 강력한 기술적 방법 중 하나이다. 매일 아침 20분씩 글을 쓰기만 해도 성령의 권능을 통해 당신의 예술적 자아에 잇닿는 길로 들어설 것이다.

『작가가 되려면』(*Becoming a Writer*)이라는 도전적인 작은 책자에서 도로테어 브랜드(Dorothea Brande)는 예술가가 되기 원하는 사람들은, 어렸을 때 가졌던 무의식적이고 창조적인 정신에 자신을 맞추는 훈련을 거듭해야 한다고 주장한다. 예술가가 되는 첫걸음은 무의식을 의식의 수준으로 가져와 생각하며 사는 연습을 정기적으로 하는 것이라고 말한다. 그 방법 중 하나가 아침 일찍 예술가 노트에 글을 쓰는 것이다. "만약 당신이 무의식의 풍성함을 온전히 누리려면 무의식이 왕성할 무렵에 쉽고 (창조적으로) 편안하게 글쓰기를 배워야 한다. 이렇게 하기에 가장 좋은 방법은 평소 일어나는 시간보다 30분이나 1시간 먼저 일어나야 한다. 할 수 있는 한 빨리, 말을 하거나 신문 혹은 전날 밤에 옆에 비켜 놓았던 책을 집지도 말고 시간을 아껴서 쓰기 시작해야 한다."[3] 이 충고에는 모든 예술 분야에 해당하는 중요한 열쇠가 있다. 아침에 무엇보다 먼저 글을 쓰는 습관을 들인다면 우리는 창조성의 원천인 깊은 무의식에 닿게 된다. 이른 아침 글쓰기를 규칙적으로 하면 할수

창조적 소명

록 창조의 저장소에서 길어 내는 일이 더욱 자연스러워진다.

그렇다면 자기 전에 글 쓰는 것을 좋아하는 사람은 어떤가? 그런 사람은 저녁이나 점심시간에 글을 쓰는 것이 전혀 안 쓰는 것보다는 나을 것이다. 당신이 밤에 일하는 스타일이라면 '일반적인' 사람들과는 '아침'에 대해 다른 개념을 가지고 있을 것이다. 시각 예술가인 내 친구 필리스는 글쓰기를 최근 실천하고 있는데, 그녀가 글을 쓰기에 가장 좋은 시간은 아침 시간이 아니라 가족들이 모두 집에 없을 때라고 한다. 재키라는 다른 친구는 하루의 분주함이 모두 끝난 저녁시간이 글쓰기에 가장 좋다고 한다. 미할리 시크젠미할리(Mihaly Sikszentmihalyi)는 일반적 글쓰기와 하루 일과를 끝낸 후의 글쓰기를 이렇게 말한다. "창조적인 사람들은 대부분 자신의 경험이 좀 더 구체적이고 지속되기를 바라기에 일기를 쓰거나 메모를 하거나 노트북 컴퓨터에 기록을 남긴다. 당신이 지금 그렇게 하고 있지 않다면 구체적인 과제를 하면서 이를 시작해 볼 수 있다. 저녁마다 그날에 있었던 '가장 놀라운 사건'과 당신이 했던 '가장 놀라운 행위'를 기록하라."[4] 이러한 방법으로 우리의 경험과 통찰을 적다 보면 우리는 사람들이 대부분 잘 알아차리지 못하는 우리를 둘러싼 경이와 신기에 주의를 기울일 수 있고, 우연히 떠오른 창조적인 아이디어를 꼭 붙잡아 둘 수 있다.

언제가 되던 당신에게 가장 맞는 시간을 선택하기를 전심으로 권한다. 하지만 내가 제일 추천하고 싶은 때는 이른 아침이다. 도로테어 브랜드가 제안하듯 평소 시간보다 30분 일찍 일어나는 것(매일 저녁 30분 먼저 잠자리에 드는 것을 의미할 수도 있겠다)이다. 그 행위가 오직 일주일밖에 지속되지 않는다 하더라도 아침에 글을 써서 종이에 옮겨 놓은 것이 하루의 중간이나 늦게 쓴 글에 비해 어떤 다른 점이 있는가를 살펴보라. 매일 써야 하며 그렇게 하지 못하더라도 거의 매일, 즉 시간이 날 때마다 써야 한다. 이 시도를 해 보지 않는 한 이른 아침 글쓰기로 하나님과 만난다는 생각을 포기해서는 안 된다.

글쓰기

'저널'(journal, 일기)과 '저니'(journey, 여행)는 '날마다'(daily)라는 뜻을 가진 프랑스 단어와 뿌리를 같이 한다. 인생의 여행은 '날마다의 걸음'이며 일기를 쓰는 행위는 '그 걸음의 기록'이다. 예술가 노트, 즉 당신이 일기를 쓰는 데는 여러 목적이 있다.

① 당신의 하루를 창조자에게 집중하고 당신을 그의 창조의 동반자로서 바라보기 시작한다. 하나님이 당신의 예술적 은사에서 무엇을 원하시는지 깨닫지 못하게 하는 장애물을 뛰어넘어 자신을 예술가로 생각하기 시작한다. 노트를 적다 보면 당신은 좀 더 건강하고, 성스러우며, 완전한 성령의 도구가 될 것이다.

② 당신을 괴롭히고 있는 모든 것에 관해 그 '불평'을 토로할 수 있는 사적인 시간을 허용한다. 그곳에서 당신은 화를 내고, 상처와 두려움과 분노의 감정을 표현하며, 때로 도덕적 판단을 한다. 이곳은 모든 지저분한 인간의 모습을 펼쳐놓는 곳이다. 하나님과 당신만이 그것들을 볼 수 있게 해야 한다. 처음 몇 주간은 예술가로서 당신에게 향한 하나님의 뜻을 이해하기 전에 당신이 버려야 할 모든 더러운 것을 당신의 예술가 노트에 채우는 시간이 될 것이다. 그것도 좋다. 어쨌든 그 시기는 지나갈 것이다.

③ 혼자 있는 습관을 기른다. 이 소박한 시작(매일 아침 20분씩 예술가 노트에 시간을 쏟는 일)은 당신에게 중요한 것을 위해 시간을 만들 수 있어야 함을 깨닫게 해 줄 것이다. 나는 내 노트에 글을 쓰기 위해 집에서 어느 누구보다 30분 먼저 일어난다. 가족들은 내가 그 아침 시간을 방해받고 싶어 하지 않는다는 것을 잘 알고 있다. 비록 일찍 일어나도 그들은 나만의 시간을 존중해 준다. 당신이 다른 사람들과 함께 산다면, 당신 혼자만의 시간이 얼마나 소중한지 이해시키도록 하라.

④ 이 책의 매 장에 나와 있는 습작을 위해 예술가 노트를 사용할 수 있다. 이는 당신의 시간을 갑절로 의미 있게 쓸 수 있는 좋은 방법이다.

예술가 노트를 위한 안내

작가가 되어야 예술가 노트를 쓸 수 있는 것은 아니다. 누구나 다음의 기본적 지시를 따르면 예술가 노트를 사용할 수 있다.

① 매일 쓴다. 혹은 매일 쓰도록 노력한다. 하지만 그렇게 하지 못할지라도 자책하지 않는다. 내일이 되면 새로운 기회를 얻을 수 있다. 하루를 빼먹었다고 다음날 두 개를 쓰려고 하지 마라. 다 채우려 하지 말고 그냥 계속하라.

② 한 번에 쓴다. 20분간을 멈추지 말고 쓴다. 중간에 막히더라도 계속해서 쓴다. "지금은 할 말이 없다. 생각이 떠오르지 않아. 기도하기에 참 좋은 시간이지. '하늘에 계신 우리 아버지여.'" 이보다 더 좋은 것은 자신의 기도문을 작성하는 것이다. 여기서 강조하는 것은 '멈추지 않고 쓰는 것'이다. 매일 아침 20분간 글을 쓰는 습관을 들인다면 결국에는 생각이나 아이디어가 떠오르는 것을 알고 놀라게 될 것이다.

③ 당신 자신을 위해, 그리고 혼자서 쓴다. 당신이 스스로 다른 사람에게 보여 줄 결심을 하지 않는 이상 그 글을 읽을 사람은 하나님뿐이다. 하지만 나는 다른 사람에게 그 글을 보여 주라고 권하고 싶지 않다. 멋진 글을 쓰게 되면 다른 종이에 옮겨서 다른 사람들과 나눌 수 있겠지만, 당신의 예술가 노트만큼은 프라이버시를 지키도록 하라. 당신이 쓴 것을 아무도 보지 않을 것이라는 안정감을 느끼는 것이 중요하다. 당신은 하나님께 쓰이고 있는 것이며 그분은 당신 고유의 예술적 자아를 깨닫게 도우실 것이다. 이것은 당신과 하나님 사이의 개인적인 일이다.

④ 당신의 창조적 자아가 마치 여기에 달려 있는 것처럼 쓰라. 사실 그렇다.

성령께 귀 기울이기

예술가 노트가 힘이 있는 이유 중 하나는 마음이 말하는 소리를 들을 수 있기 때문이다. 우리는 날마다 우리를 덮치는 내적·외적인 목소리를 잠잠하게 듣는 법을 배워야 한다. 그래서 우리 마음을 통해 성령이 말씀하시는 목소리를 들을 수 있어야 한다. 그러나 사람들이 대부분 이를 어려워한다.

우리는 이해받기 위해 쓰는 것이 아니라 이해하기 위해 쓴다.

_데이 루이스(C. Day-Lewis)

요가 수도자는 자신의 생각을 잠잠히 하기 위해 일생을 보낸다. 그리고 그리스도인은 하나님의 말씀을 듣기 위해 초기 수도승들이 하던 '중심기도'라는 기독교 명상을 한다. 이는 정신을 혼란하게 하는 잡음을 없애기 위함이다. 중심기도에서 개인은 매일 아침 '예수', '은혜' 혹은 '성령'이란 성스러운 단어를 명상하는 데 일정 시간을 사용한다. 그렇게 하면 성령의 촉구하심을 깨닫지 못하게 막고 있는 정신의 물꼬를 틀 수 있게 된다. 우리에게 가장 커다란 문제는 우리 정신을 타고 흐르는 단어의 흐름이 끊어지는 것이다. 창조적이고 확산적인 사고를 하는 사람은 아이디어 흐름이 훨씬 더 지속적이고 일관적이다. 예술가, 특별히 작가들은 '할 말이 너무 많은' 사람이다.

예술가 노트는 이런 글을 쏟아 내는 장소이다. 매일 글을 쓰는 습관이 생기면 아침에 커피를 한잔하거나 옷을 입기 전 세수하는 것과 마찬가지로 아침 일상의 한 부분이 되고, 자신의 언어를 성령에 잇닿도록 사용하여 그의 창조적 부름을 듣게 될 것이다.

많은 작가, 작곡자 그리고 시각 예술가는 무언가 외부에서 오는 힘이 자신들을 사로잡았을 때 가장 창조적 존재가 된다고 말한다. 예술은 '자신에서' 나오는 것이

창조적 소명

아니라 '자신을 통해' 움직이는 무엇의 표현이라는 인식은 기독교 예술가에게만 한정되어 있는 것은 아니다. 당신은 노트에 글을 쓰면서 그 글을 통해 하나님이 드러나도록 기도해야 한다. 하나님은 당신의 글을 통해 당신이 듣기를 원했던 말씀과 당신의 예술을 통해 표현하고자 하는 것을 알려 주실 것이다.

낱말 놀이

하나님의 말씀을 듣기 위한 한 가지 방법은 매일 아침 예술가 노트를 쓰는 것이다. 성경은 하나님께서 우리에게 말씀하시는 방법 중 하나이므로, 성경의 주요한 구절을 암송하면 하나님과 우리 사이의 소통의 통로를 열어 둘 수 있다. 각 장 첫머리에 있는 구절은 '그의 목적에 따라 부름' 받은 예술가로서 하나님과의 관계를 표현한다. 이 책을 읽어 나가면서 각 장 앞에 나와 있는 성경 구절을 외워 보기 바란다. 그렇게 하다 보면 이 책이 다 끝난 후에도 그 구절을 기억할 수 있다. 당신의 세계와 하나님께 귀 기울이는 연습을 하면 다른 상황에 놓일지라도 그 상황에 맞는 구절이 떠오르게 될 것이다.

나는 외우는 행위를 다른 말로 낱말 놀이라고 부르기 좋아한다. 암기는 많은 이들이 제대로 개발해 보지도 않았거나 수년간 사용하지 않았던 기술이다. 기껏해야 초등학교 교과과정에서 했던 연극 혹은 고등학교 문학 수업시간에 배웠던 셰익스피어 작품 암송이 전부였다. 뭔가를 외워 본 경험이 아주 오래 전이라면 직업적인 강사나 배우들이 마음으로 대사를 암기하는 기술을 익혀 보자.

암기 기술

① 우선 그 문장의 '의미'를 잘 읽고 파악하라. 의미가 있는 것은 단순한 단어의 나

열보다 훨씬 기억하기가 쉽다. 작가의 의도를 이해한다면 그 말들은 훨씬 쉽게 다가올 것이다.

② 문장을 짧은 구절로 분해하라.

③ '쉬운' 구절부터 외우라. 그리고 좀 더 어려운 것으로 순차적으로 진행하라.

④ 암송이 줄줄이 이어지도록 하라. 우선 한 구절을 익히고, 그러고 나서 둘째 구절을 외워서 첫째 구절에 붙인다. 그 다음은 셋째 구절을 첫째와 둘째 구절에 붙여 나간다.

⑤ 그룹으로 활동한다면, 몇 날에 걸쳐 자신의 구절을 암송해야 한다. 단, 한 번에 외우려고 하거나 모임이 있기 바로 전에 외우려고 하지 않는다.

⑥ 문장의 '리듬'을 발견하여 박자를 주어 외우도록 한다. 마치 자장가나 랩뮤직, 시와 같이 말이다.

⑦ 각 구절의 '중심단어'를 선택하여 갑자기 막힐 때 활용하도록 한다.

⑧ 낱말들을 '잘 아는 곡조'에 맞추어 불러보거나 자신의 곡조를 붙여 본다.

⑨ 기억을 도와주는 특정한 소리의 반복이나 중심 단어들을 머리글자만 따서 외우거나 혹은 알파벳 순서대로 단어를 외우는 등, 다양한 연상법을 찾아본다.

자신이 가장 좋아하는 암기 기술을 사용하라. 그 기술에는 어떤 것이 있는가? 여기에 써 보라.(그룹이라면 다음 모임에서 서로에게 잘 맞는 방법을 나눈다.)

____

____

이 주간에 해야 할 중요한 일은 성경 구절을 잘 암송할 수 있는 올바른 방법을 찾는 것이다. 매일 암기할 구절을 노트에 적어 외우도록 노력하라. 운동을 하거나 출퇴근할 때 자신에게 가장 잘 맞는 방법을 찾아 암송하라. 그러면 당신은 그 주가

창조적 소명

끝날 무렵 '책을 보지 않고' 그 구절을 외울 수 있다. 한 주 동안 암송하는 훈련은 당신과 내면의 예술가를 개발하기 위한 활동에 도움이 된다. 이것을 그저 외우는 일로 여기지 않기를 바란다. 낱말 놀이라고 생각하라. 이 낱말 놀이는 매일 아침 하나님의 말씀을 들을 수 있도록 당신 자신을 준비시키는 일이다.

과거에 귀 기울이라

당신이 비록 어린 시절부터 재능 있는 음악가, 시각 예술가 혹은 연주자라는 말을 듣진 못했을지라도 여기까지 읽는 동안 현재보다 더 창조적이었던 당신 생애의 어느 순간을 기억하게 되었을 것이다. 당신의 삶을 부르시는 하나님의 창조적 소명을 듣고 있다면, 과거를 되돌아보는 것이 도움이 된다. 당신이 더 예술적이었거나 창조적이었을 때를 기억해 내고, 자신의 재능을 포기하게 만든 원인이 무엇이었는지 찾아보는 것이다. 내면의 예술가를 소생시키기 위해서는 먼저 자신의 일부를 묻어 두게 만든 주요한 사건을 인식할 필요가 있다. 4장에서 우리는 예술적 발전을 침체시킨 사람들과의 풀리지 않은 감정을 다룰 것이다. 그리고 여기서는 당신이 예술 행위를 하지 못하게 만든 주요한 '사건들'을 생각해 볼 것이다.

어쩌면 당신은 어떤 불행한 사건으로 예술가가 되기를 포기했을지도 모른다. 혹은 점점 예술 행위를 하는 시간이 줄어들다가 완전히 예술가의 길에서 벗어나 버렸는지도 모를 일이다. 당신은 어느 쪽에 해당하는가?

____

____

고등학생이었을 때, 나는 하루에 30분 혹은 한 시간 정도 피아노를 연습할 시간이 주어졌는데, 그 외에도 저녁을 먹고 난 후 피아노를 연주하면서 내 감정을 표현하곤 했다. 이와 비슷하게 헨델의 "수상곡"이나 드보르작 교향곡 5번 "신세계"를 들으면서 아름다운 에세이나 시 창작을 했던 기억이 있다. 그 두 곡은 내 속에 있는 창조적인 에너지를 표출하게 만들었다. 이렇게 큰 만족을 주었던 자기표현의 방법, 창작과 피아노 연주를 어떻게 포기할 수 있었을까? 한 가지 이유는 그것을 하기 위해서는 너무 많은 시간과 에너지가 필요했기 때문이다. 나는 성장하면서 점차 다른 일들로 바빠졌다.

성장기를 지나 성인이 되면 우리는 '유치한 일들은 벗게' 된다. 그러나 불행하게도 벗어 버린 그것들이 때로는 우리 개인에게 가장 중요한 일부분이 되기도 한다. 당신이 예술 활동에 쏟는 시간이 예전보다 줄어들었다면, 그 이유를 찾아보자.

연습과제 2: 과거의 나

당신이 창조적이었다고 느꼈던 때를 회고해 보라. 몇 살 때였는가? 당신이 작업하고 있던 것은 무엇이었으며, 예술가라는 존재를 어떻게 생각했는가?

____

____

답을 노트에 적거나 당신의 생각과 감정을 다른 방법으로 표현해도 좋다.(스케치, 그림, 태피스트리, 스테인드글라스, 시 혹은 노래를 곁들여도 좋다. 각 장에서 당신은 자신이 특별히 지닌 재능을 사용하도록 하라.)

많은 사람은 예술적 노력을 급작스럽게 그만 두게 만들었던 사건에 대해서는 분명하게 기억한다. 어떤 이들은 고등학교를 졸업하면서 합창, 밴드 혹은 오케스트라 활동을 그만 두었고, 그로 인해 성악, 플루트나 바이올린 연주까지 포기하기도

창조적 소명

했다. 무대에서 연기하거나 그림을 그리는 것보다 더 중요하게 여긴 일들이 예술가의 삶을 포기하게 만든 전환점이 되었을 수도 있다. 당신은 결혼하면서 예술가들에게 가장 필요한 은둔의 시간을 허락하지 않은 일에 매이지 않았는가? 아니면, 아이들에게 매이지 않았는가? 어른으로서의 책임감에 매이지 않았는가? 혹은 어느 순간에 자신의 재능이 뭔가 충분치 못하다고 느껴서 포기하겠다는 의식적인 결정을 내리지 않았는가?

연습과제 3: "그렇다면 왜 머뭇거리는가?"

아래의 각 진술문을 완성하라.

만약, _________________________________ 하기만 한다면 나는 내 예술을 할 것이다.

나는, _________________________________ 가 되면 예술작업을 위한 시간을 가지게 될 것이다.

만약, _________________________________ 하지만 않았다면 지금 예술활동을 하고 있을 것이다.

다시 앞으로 돌아가 각 문장의 마지막에 "그렇다면 왜 머뭇거리는가?"라는 말을 붙여 보라. 이렇게 함으로써 당신은 방금 부정적인 메시지를 희망의 메시지로 바꾸었다.

가장 중요한 사실은 창조는 하나님의 것이고 우리도 그 창조의 일부분이라는 것이다. 창조의 일부분이라는 것은 창조의 즐거움에 공동 작업자로 참여한다는 의미이다.

_매들린 랭글(Madeleine L'engle)

잠언 13장 12절은 "소망이 더디 이루어지면 그것이 마음을 상하게 하거니와 소원이 이루어지는 것은 곧 생명 나무니라."라고 했다. 하나님은 우리가 소망으로 가득 찬 마음으로 행동하기를 원하시지 우리 마음의 소원을 향해 일하는 것을 멈추거나 예술성 개발을 미루어서 좌절과 공허함에 빠지기를 원하지 않으신다. 하나님의 비전을 구하며 자신의 재능을 되살리기 위해 일할 때 무엇을 소망하고 소원할 것인지 생각해 보자.

연습과제 4: 소망과 소원

아래의 문장을 완성해 보자.

나는 항상 _______________________________________ 하기를 소망했다.

나에게 _______________________________________ 할 용기가 있기를 바란다.

시간을 돌릴 수만 있다면, _______________________________________ 을 할 것이다.

당신의 노트에 '미루어진 소망'에 관한 글을 10분간 쓰라. 왜 미루었는지 그 이유를 써 보고, 만약 이를 미루지 않았더라면 인생이 어떻게 바뀌었겠는지 생각해 보라. 그리고 나서 그 소망을 이제 어떻게 이룰 수 있을지 적어 보라.

과거를 되돌아보며 내면에 깊이 자리 잡은 소망의 목소리에 주의를 기울이면, '미루어진 소망'을 추구할 때 나타나는 두려움을 극복할 수 있고 하나님이 우리를 창조하신 의도를 듣지 못하게 하는 자기 보호막에서 나올 수 있다.

융합과 정화

나는 여러 그룹을 대상으로 이 책에 나오는 내용에 관해 가르치면서 한 수강자에게서 '아침마다 예술가 노트를 적는 것을 지속하기가 어렵다'는 이메일을 받았다. 나는 글쓰기를 또 다른 하나의 잡무거나 짐이라고 생각하지 말고 기회로 생각하라는 격려의 답장을 보냈다. "예술가 노트에 글쓰기 … 당신이 무엇이라고 부르든 그것은 … 자신을 비우는 일입니다. 그것은 어두운 구석에 처박아 둔 물건을 대낮의 밝은 빛 속에 꺼내 놓는 것이지요. 당신을 괴롭히고 있는 것, 당신이 걱정하는 것, 당신이 두려워하는 것, 당신이 느끼는 감정(좋든 나쁘든)을 빈 종이에 옮겨 놓으면 그날은 하루 종일 그 속에서 자유로워집니다. 그래서 아침에 글을 쓰는 것이 건강에 좋다는 것이지요. 그리스도인에게 부가된 축복은 아버지에게 우리의 모든 염려를 털어놓을 수 있다는 점입니다. 그의 발 앞에 모든 짐을 내려놓으면 우리의 한마디는 그대로 기도가 됩니다. 글쓰기를 15분 내지 20분 동안 마치고 나면 우리는 하나님과 '융합'하며 내려놓는 시간을 갖게 되고 하루 종일 우리를 공략할 걱정거리에서 정화되지요. 공감이 가시는지요?"

글쓰기, 특히 아침의 글쓰기를 지속하면 그 시간이 기다려질 만큼 '재미'가 생긴다.

예술가 노트에 글을 쓰는 것으로 하루를 시작하면서 이것을 하나님께 드리는 헌물이라고 생각하라. 아침 시간에 하나님이 당신에게 귀 기울이고 있음을 믿으라. 그리고 '기대함으로 기다리며' 하나님께서는 '(당신) 입의 말과 (당신) 마음의 생각'(시편 19:14)을 통해 당신과 소통하실 것이라는 확신을 가지라.

일상의 삶이 내뿜는 잡다한 소리에도 불구하고 하나님의 목소리를 들으려면 시간을 쏟아야 한다. 그의 말씀을 읽고, 내재된 예술가를 깨우려는 우리의 열정에 호소하는 말씀 구절을 암송하며, 예술가 노트를 규칙적으로 작성해야 한다. 그러면 우리의 생각을 잠재우고 하나님의 목소리를 들을 수 있는 글을 쓸 수 있다. 2장을 마무리하면서 우리는 우리의 글이 얼마나 잠재력 있고 강력하며 흥미로운지를 일깨워 주는 연습을 하고자 한다.

앞으로 10분 동안 당신이 잘 사용하는 단어들을 적어라. 특별한 순서를 정할 필요는 없다.(여기에서 적기 시작해서 예술가 노트로 이어가도 좋다.)

'부드러운, 자주빛의, 물이 많은, 사랑스러운, 민감한, 복잡한'과 같은 쉬운 형용사부터 시작하라. 명사가 떠오르면 명사로 바꾼다. '무지개'란 단어가 생각나면 자신이 좋아하는 색감을 표현하는 낱말을 적는다. '숲'이란 단어가 생각나면 숲과 연결된 낱말을 있는 대로 생각한다. 사람, 장소, 냄새, 음식, 자연, 사물, 옷, 노래, 감정 등 어떤 것도 괜찮다.

10분 동안 적어 보라. 때때로 이 목록에 생각나는 다른 낱말들을 추가한다.

____

____

『인생을 위한 글쓰기』(*Writing for Your Life*)라는 책에서 다나 메츠거(Deena Metzger)는 글쓰기의 어려움을 이렇게 토로한다. "처음 몇 분간은 때로 글쓰기를 촉진하는 과정이다. 빈 종이를 앞에 놓고 가만히 앉아 있거나 글을 쓰는 행위는 신앙의 한 단계를 뛰어넘어 창조적 무의식에 가하는 진지한 몸짓이며 헌물이다. 항상은 아니라도, 때로 엄청난 실의를 겪은 끝에 지구의 중심에서 용출하는 온천수와 같이 글이 쏟아진다."5 글쓰기를 날마다 실천하고 하나님의 의도대로 우리에게 주신 재능을 사용하겠다는 믿음의 '진지한 몸짓'을 하나님께 드린다면 우리는 하나님이 그의 성령을 통해 말씀하고 계신 것과 그 말씀을 듣는 법을 배울 수 있다.

나의 반석이시요 나의 구속자이신 여호와여 내 입의 말과 마음의 묵상이 주님 앞
에 열납되기를 원하나이다(시 19:14).

잠에서 깨어나다

무릇 너희 중 마음이 지혜로운 자는 와서 여호와께서 명령하신 것을 다 만들지니
(출 35:10).

이 장을 쓰고 있는 지금 나는 크리스토퍼 파크닝(Christopher Parkening)의 "심플 기프트"(Simple Gifts)라는 기타 연주곡을 듣고 있다. 1970년대 후반 파크닝은 클래식 뮤지션으로서 명성을 얻고 재정적인 안정을 이루어 그가 일생 동안 꿈꿔 왔던 일을 이룰 수 있었다. 그는 30세 젊은 나이에 은퇴하여 몬태나주의 목장으로 이사했고, 소일거리로 낚시를 하면서 시간을 보냈다. 레코딩과 콘서트 아티스트로서 그는 재능과 근면에 대한 보상을 받았다. 보통 사람들은 아직도 무엇을 해야 할지 고민하고 있을 나이에 그는 음반 제작 계약과 콘서트 투어를 그만두고 이 분야에서 은퇴한 것이다. 이는 정말 대표적인 성공 스토리가 아닌가? 그러나 파크닝의 성공은 우리가 상상한 것처럼 그리 멋진 일만은 아니었다.

파크닝은 비록 모든 꿈을 이루었지만 자신이 행복하지 않다고 느꼈다. 자신의 삶에서 무엇인가가 빠져 있었다는 생각이 들었다. 그는 자신의 뛰어난 재능으로 정상에 올랐고 그 후에 은퇴까지 했지만, "헛되도다! 헛되도다! 모든 것이 헛되도다!"

라고 한 전도서 저자의 탄식이 자신에게도 해당함을 알았다.

그리고 약 4년이 지난 후 그가 캘리포니아에 사는 친구 집을 방문했을 때 한 이웃이 그를 그레이스 커뮤니티 교회(Grace Community Church)로 초대하면서 그는 잠에서 깨어났다. 파크닝은 그때 경험을 이렇게 서술한다.

그날 존 맥아더 목사의 설교 제목은 "자신이 믿음 안에 있는지 스스로를 점검하라."였다. 그는 마태복음 7장 21절의 "나더러 주여 주여 하는 자마다 다 천국에 들어갈 것이 아니요 다만 하늘에 계신 내 아버지의 뜻대로 행하는 자라야 들어가리라"는 말씀을 인용하였는데, 그때 내 삶이 섬광같이 뇌리를 스쳐 지나갔다. "난 기독교인이 아니야!"라고 항변했지만, 그리스도 앞에 섰을 때 그가, "너는 예수의 일에는 아무런 관심도 기울이지 않았구나. 내 명령에 순종하려고도 하지 않았지. 네 인생과 음악으로 나를 영화롭게 하려고 조금도 수고하지 않았어."라고 말씀하실 것 같았다.

그날 저녁 나는 집에 돌아와 내 죄와 인생의 허망함, 기타와 함께 낭비해 버린 기회들, 잘못된 동기를 위해 악기를 연주했던 일을 깨버리고, 예수님께서 내 인생으로 들어오시도록 요청했다. "당신이 내게 하기 원하는 것을 하옵소서. 주님, 제가 하리다."

고린도전서 10장 31절의 "그런즉 너희가 먹든지 마시든지 무엇을 하든지 다 하나님의 영광을 위하여 하라."고 한 말씀에 고무된 파크닝은 1982년에 "심플 기프트"라는 주제곡이 담긴 음반으로 다시 대중 앞에 섰다. 이 CD에는 14곡의 성가곡과 찬송가 그리고 J.S. 바하의 곡 몇 개와 조기 은퇴의 아픔에서 파크닝을 다시 일으킨 "불사조의 노래"(phoenix song)가 실렸다. 그의 고백을 들어보자.

나는 언제나 어린 시절부터 바하의 음악에 매료되었다. 그러나 "모든 음악의 존재 이유와 최종 목적은 하나님의 영광을 위해서다."라는 그의 음악관을 들은 뒤로는 더욱 매력을 느끼게 되었다.

파크닝은 바하가 그의 곡에 번호를 매길 때마다 첫 부분에 J.J.라는 글자를 덧붙여 놓은 것을 발견했다. 그 글은 라틴어로 Jesu, Juva 즉, "예수님, 도우소서."의 약어였다. 작곡을 마친 후에는 곧잘 S.D.G(Soli Deo Gloria) 즉, "오직 하나님께 영광"이라고 적었다. 파크닝의 말을 계속 들어 보자.

나는 바하가 자신의 위대한 능력과 재능을 그러한 목적으로 사용할 수 있었다면, 하나님이 나에게 주신 능력이든 재능이든 내가 할 수 있는 몫이 있을 것이라고 생각했다. … 나는 우리가 받은 능력이나 재능이 모두 하나님께서 주신 것이며 그 재능에 대해 선한 청지기가 될 책임을 가지고 있다는 것을 진정으로 깨달았다.[1]

심플 기프트

이 이야기가 당신의 재능을 사용하도록, 그리고 '하나님이 (당신에게) 주신 모든 능력이나 재능'을 깨닫고 재발견하도록 당신을 흥분시키지 않았는가? 많은 음악 비평가들은 크리스토퍼 파크닝을 안드레스 세고비아(Andrés Segovia) 이후로 가장 훌륭한 클래식 기타리스트로 평가한다. "그렇겠죠. 그런 뛰어난 은사를 지닌 사람이라면 누구든지 그것을 세상 사람들과 나누며 하나님의 영광을 위해 사용할 책임이 있지 않겠어요. 하지만 저는 글쎄요. … 그저 보통 정도인데요. 하나님은 제가 세상에 널리 알려진 작가나 미술가 혹은 음악인이 되기를 기대하지 않으시는데, 제가 어떻게 감히 이 분야에서 거장들과 견줄 수 있겠어요?" 이렇듯 '뛰어나지 못하다'라는 두려움은 우리의 재능과 은사, 특히 오랫동안 잠자고 있던 은사들을 활용하지 못하게 한다.

그러나 이러한 문제가 자기 패배라는 사실을 제외하고라도 우리에게는 스스로 그렇게 평가할 권리조차 없다는 가정(假定)에 기초해 살펴봐야 한다. 우선, 우리는 우리의 재능이 하나님을 영광되게 할 만큼 '충분히 좋은지 아닌지' 결정할 위치에 있지 않다. 또한 우리 자신을 비하하는 것이 겸손으로 느껴지는 것은 모순이다. 하나님은 어떻게 보잘것없는 우리의 은사와 재능을 사용하실까? 우리 재능이 생계 수단이 될 수 있을지에 대한 판단은 제쳐두고서라도 우리 자신을 공개적으로 표현할 만큼 우리가 선하다고 어떻게 믿을 수 있단 말인가? 우리의 은사가 실제로 다른 사람의 삶에 감동을 줄 수 있다는 생각은 얼마나 자만한 것인가? 그러나 이렇게 자기를 낮추는 태도야말로 오만이다. 이런 태도 때문에 우리는 우리의 은사를 어떻게 해야 할지 잘 알고 있다고 단정하고, 그 재능을 숨겨 공공연한 굴욕을 피하려 한다.

둘째, 우리 자신을 타인과 비교하는 것은 전혀 무의미하다. 왜냐하면 일단 우리가 하나님의 길로 가겠다는 결단을 하고 나면 하나님이 어떻게 우리를 사용하실 것인가에 대해서는 우리가 알 수 없기 때문이다. 하나님께서는 우리에게 재능은 주셨지만 그것을 위한 도구는 주시지 않았다고 생각하는가? 당신의 예술로 다른 사람에게 영향을 준다는 것이 꼭 세상이 알아주는 유명인이 돼야 한다는 것을 의미하지 않는다.

따라서 자문해 보라. "하나님의 세상에서 나를 위한 그의 계획에 대해 어떻게 감히 의문을 품을 수 있는가? 내가 누구이기에 하나님이 하실 수 있다 혹은 없다고 단정할 수 있는가?"

어린 시절 당신이 가장 좋아했던 놀이는 무엇이었나? 정서적인 단위로 나누어 생각해 보라. 예를 들어 가족과 함께, 친구들과 혹은 학교에서나 걸 스카우트 또는 보이 스카우트 활동에서, 그리고 교회에서, 실내나 실외에서 등, 당신이 정말 좋아하고 기다리던 활동들을 떠올리라. 지금부터 5분 동안 가능하면 많은 활동들을 적어라.(공간이 더 필요하면 노트를 사용해도 좋다.)

____

____

____

____

____

____

____

당신이 방금 적은 목록에는 실용적이고 창조적인 활동이 많이 포함되어 있을 것이다. 예를 들어 눈으로 성벽 쌓기, 모래성 만들기, 핑거페인팅, 풍선 불기, 들풀로 목걸이 만들기, 야생화관 만들어 엄마에게 드리기, 과자 굽기, 자전거 타기, 호숫가에 앉아 있기 등이다. 이는 단순하고 자유로우며 많은 비용이 들지 않고 시간과 상상력만 있으면 할 수 있는 것들이다. 어린 시절 당신에게 즐거움과 만족을 주었던 소박하고 즐거웠던 일은 무엇인지 생각해 보자.

연습과제 1은 우리 모두에게 창조성이라는 선물이 주어졌다는 것을 깨닫게 한다. 어떤 이들은 다른 사람들보다 좀 더 다양한 예술적 재능을 지니고 있다. 설혹 우리의 재능이란 것이 마당을 아름답게 가꾸거나 가정을 일구는 일과 같이 언뜻

보기에 평범해 보일지라도, 우리는 모두 자신이 지닌 소박한 재능을 개발하거나 묻어 버릴 수 있다. 하나님께서는 스스로에게 그냥 평범해 보이는 '소박한 재능'을 어떻게 사용하실까? 그에 대한 답변은 하나님이 각 사람을 다른 모습으로 창조하셨다는 사실에서 찾을 수 있다.

세상에는 수십억 명의 인간이 존재한다. 각 개인은 예술 작품에 감정적·지적 반응을 한다. 어떤 사람에게 눈물을 불러일으키는 예술 작품일지라도 다른 사람에게는 오히려 하품만 나오게 하는 지루한 것일 수 있다. 예를 들어 루이스 컴포트 티파니(Louis Comfort Tiffany)는 미국의 아르누보 운동의 창시자이자 유리, 보석, 도자기 디자인에서 최고의 예술가로 평가받는다. 그러나 그는 평생 자신의 작품에 대해서 극단적으로 말하는 대중의 평가를 견뎌야 했다. 또한 예술가들과 모더니스트 비평가들의 멸시도 이겨내야 했다. 그러나 백년이 지나지 않아 그가 만든 램프는 경매에서 수십만 달러에 팔렸다.

이와 비슷하게 C. S. 루이스의 작품에 깊이 감명받은 독자라면 세계적 베스트셀러 닭고기 수프 시리즈를 그리 좋아하지 않을 것이다. 그러나 얼마나 많은 사람이 그 이야기에 깊이 동요했던가? 또한 토마스 킨케이드(Thomas Kinkade)의 작품에 대해 생각해 보자. 그는 수백만 개의 그림, 인쇄물, 선물용품, 책을 팔았다. 많은 미술 애호가들은 그의 작품에 큰 영향을 받았다. 하나님은 킨케이드를 '빛의 화가'로 사용하셔서 좀 더 단순하고 아름다운 세상을 희구하는 사람들의 마음을 감동하게 하신 것이다.

하나님이 우리의 재능을 어떻게 사용하실지 의문을 가지는 것은 우리의 역할이 아니다. 대신 우리의 책임은 하나님이 그분의 목적을 위해 우리에게 재능을 주셨다는 것을 깨닫는 것이다. 하지만 그 목적이 무엇인지를 아는 것은 생산적인 예술인으로의 출발에 그다지 중요하지 않다. 중요한 것은 하나님이 우리에게 주신 재능을 받아들이고 개발하며 존중하는 것이다.

창조적 소명

하나님은 그의 자비로 우리의 정신과 마음을 밝히신다. 우리는 그의 말씀으로 이루어졌다. 그분의 창조 영이 우리 안에 거하고 우리가 그의 안에 거하고 있다는 사실을 깨닫는 각성이 일어날 때, 그분은 우리 안에 숨은 신비의 창조 작품을 완성하신다.

_토마스 머톤(Thomas Merton)

사람들은 대부분 마태복음 25장 14-30절에 나오는 '달란트'의 비유를 잘 알고 있다. 주인은 먼 여행을 떠나면서 세 명의 종에게 달란트를 맡겨 두었다. 그중 두 명의 종은 달란트에 이자를 붙여 주인이 돌아왔을 때 원금의 두 배나 돌려 드렸지만, 한 명의 종은 두려움으로 자신의 재능을 묻어 버리고 아무런 발전이나 개선 없이 원금만을 주인에게 돌려 드렸다. 주인은 너무 화가 나서 주었던 한 달란트를 빼앗아 버렸고, 자신의 청지기에게 이렇게 지시했다. "이 무익한 종을 바깥 어두운 데로 내쫓으라 거기서 슬피 울며 이를 갈리라"(마 25:30). 반면, 자신이 받은 달란트로 뭔가 생산적인 활동을 한 두 종은 칭찬과 보상을 받았다. 주인은 그들에게 "잘하였도다 착하고 충성된 종아 네가 적은 일에 충성하였으매 내가 많은 것을 네게 맡기리니 네 주인의 즐거움에 참여할지어다"(마 25:23) 하고 말했다. 나는 예수님이 이 비유를 들어 우리 모두에게 말씀하신다고 믿는다. 예술에 재능이 있든 혹은 인생의 다른 면에 재능이 있든 우리는 주어진 것을 사용하고 발전시켜야 한다. 크리스토퍼 파크닝과 마찬가지로 우리는 '성공적'이란 말이 명예와 재정적인 안정 그리고 조기 은퇴와 동의어가 아니라는 것을 깨달아야 한다. 성공은 하나님의 뜻에 따르는 일을 하는 것이다. 주인이 준 달란트를 묻어 버린 종의 이야기는 크리스토퍼 파크닝이 자신의 재능을 묻어 버리지 않고 사용하기로 선택했던 현대판 비유에 연결하면 그 의미가 더욱 크다. 이번 주 일을 하는 동안 이 이야기를 마음에 두기를 바란다.

이 장의 주제를 잘 드러내는 성경구절은 출애굽기 35장 10절이다. 이 말씀은 성막과 법궤를 만들도록 지시받은 장인과 기능공에 관한 이야기인데 '기능 있는 모든 사람'이 와서 하나님이 지시하신 모든 것을 만들도록 부름받았다는 것이 핵심 내용이다. 여기에는 당신의 그림, 음악, 글, 연기, 무용, 수예, 작곡, 풍경화도 포함될 수 있다.

출애굽기 35장 30-35절을 읽고 법궤와 성막에서 일했던 주요 장인들이 실제로 성경에서 그 이름이 불렸다는 것에 주목해야 한다. 성경은 위대한 왕들과 전사들 그리고 예언자의 이름뿐만 아니라 하나님의 말씀, 곧 십계명을 보관한 장소에서 일했던 예술가들의 이름도 기록하고 있다. 이는 어떤 의미가 있는가?

당신의 예술가 노트에 자신의 재능에 관해 써 보라. 그리고 당신의 인생에서 그것을 어떻게 사용하고 포기했는지 적어라. 당신의 재능을 개발하거나 숨겨놓도록 영향을 미친 사건은 무엇이며 그 시기는 언제였는가?

____

____

____

____

영재 교실

현대 사회와 그 속에서 추구하는 가치는 사람들이 자신의 재능을 숨기거나 무시하도록 만드는 데 상당한 영향을 주었다. 나는 여러 해 동안 예술 분야에서 재능 있는 학생들을 가르친 경험이 있다. 부모들은 자신의 자녀들이 영재 프로그램에 들어가게 되면 너 나 할 것 없이 매우 기뻐한다. 아이들도 자신이 영재반에서 다른 '똑똑한 아이들'과 함께 공부할 수 있다는 사실에 흥분한다. 하지만 부모들은 자신의 아이가 그것을 지나치게 자랑하지 않도록 주의해야 한다. 그렇지 않으면 다른 학생들은 그들이 잘난 척한다고 생각할 것이다. 그리고 비위에 거슬려 할 것이다. 그러나 영재반 학생들이 아무리 겸손하게 행동한다 할지라도, 재능 있는 학생들이 중학교나 고등학교에 갈 즈음에는 자신의 재능 계발을 포기하는 경우가 많다. 왜냐하면 다른 학생들의 부러움 섞인 시기와 특별한 재능에 대해 터부시하는 풍토 그리고 잘 훈련되지 못한 부모의 지나친 관심 때문이다. 그들은 5학년이나 6학년이 되면 자신의 동급생들과 어울리기 위해 자신의 재능을 숨기기 시작한다. 이 어린이들은 나이가 들면 고도로 창조적이고 다양한 사고를 지향하기보다는 주류 교과 과정에 편입하기 위해 영재 교실에서 나와 그저 학습을 성취하는 것을 목표로 둔다.

은사와 재능을 지닌 어린이에 대한 연구 결과는, 음악적 혹은 미술적 재능이 있는 학생들은 같은 반 친구 심지어는 선생님에게 '범생이' 혹은 '밥맛'이란 딱지가 붙기 쉽다는 것을 보여 준다. 학교의 특수반에 들어가 본 사람이라면 무슨 말인지 이해할 것이다. 우리 고등학교의 밴드부는 학교에서 가장 지적이고 재능이 있으며 위트 있는 아이들이었다. 하지만 이 아이들은 거의 예외 없이, '인기 있는' 아이는 되지 못했다. 목표를 지닌 이런 아이들에게 따라 붙는 부정적인 사회적 이미지 때문에 얼마나 많은 학생이 자신의 재능을 찾기 전에 음악이나 연극을 포기했는지 모른다. 바이올린 케이스를 들고 걷는 것은 치어리더가 되어 자신 있게 걸어가는 것보다 멋져 보이지 않는다는 사실을 우리는 너무 잘 알고 있다.

"내가 악단(혹은 피아노 레슨, 발레 혹은 미술)을 그만 두겠다고 했을 때 우리 부모님께서 포기하지 않으셨더라면 좋았을 걸 그랬어요."라는 어른들의 말을 얼마나 많이 들었는지 모른다. 이 말은 당신에게도 해당하지 않는가? 그렇다면, 다음 문장을 적어 두고 매일 볼 수 있는 곳에 붙여 놓도록 하라.

재능을 일깨울 때 우리는 잠언 3장 5절의 말씀 "너는 마음을 다하여 여호와를 신뢰하고 네 명철을 의지하지 말라"라는 솔로몬의 충고를 귀담아 두면 좋다. 우리 자신의 명철을 의지하다 보면 우리가 예술을 계속하지 않는 이유만을 한가득 적게 된다. 주님을 의지하는 것은 우리 마음의 열정을 계속 살리지 못하게 한 모든 과거의 '하지만'이란 부정적인 반응을 벗어나는 열쇠가 된다. 그 열정은 하나님께로부터 온 것이다. 바로 그것을 믿으라. 다음의 연습과제는 하나님이 공급해 주실 것을 온전히 믿지 못하는 부분(예술인이 되기 위해 당신에게 필요한 시간, 금전 등)을 가려내도록 도울 것이다.

연습과제 3: 주님을 의지하라

무엇이든 생각나는 것을 빈 칸에 적어라. 그중 한 가지를 선택해 예술가 노트에 집중적으로 답해 보라.

주님의 공급하심을 믿을 수 있다면, 나는 … 하겠다.

____

____

주님의 공급하심을 믿을 수 있다면, 나는 … 하겠다.

____

____

주님의 공급하심을 믿을 수 있다면, 나는 … 하겠다.

____

____

그러나 당신은 이것이 하나님을 신뢰하는 것에 대한 문제만은 아니라고 느낄지도 모른다. 모든 복의 근원이 하나님이심을 분명히 이해한다면, 그가 신실하신 공급자이심을 믿기 때문이다. 그렇다면 예술적 능력을 개발하지 못하게 하는 다른 요인이 있는 것일까? 다음 과제를 통해 당신이 예술을 시작하기 위해 구체적으로 필요한 것이 무엇인지 알아보자.

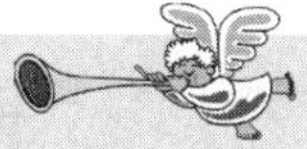

연습과제 4: 내게 필요한 것

당신이 예술을 시작할 때 '필요한 것'의 목록을 만들어 보라. 당신이 정말 필요한 것은 무엇인가? 시간? 그림을 그릴 장소? 재료? 새 플루트? 강좌를 들을 돈? 작가 양성 과정에 등록할 용기? 성악 레슨?

당신이 필요한 것을 아래에 적어라.

____

____

____

____

____

____

당신의 꿈을 이루도록 도와줄 하나님의 권능을 체험하고 싶은가? 당신에 대한 관심을 그분이 증명해 보일 수 있도록 하나님께 기회를 드리라. 하나님께 당신이 필요한 것과 당신이 받기를 원하는 것을 말씀드리라. 예술가 노트에 내 안에 존재하는 예술적 자아와 내 인생에 대한 그분의 계획을 볼 수 있는 능력을 달라고 요청하는 기도문을 작성하라. 그리고 날마다 그 기도문으로 기도하라.

작지만 큰 한 걸음

크리스토퍼 파크닝이 재기하려 했을 때, 그는 우리처럼 예술가 노트를 적거나 연습할 공간을 직접 마련하거나 세상에 다시 돌아갈 열정으로 가족에게 지원 요청을 하지는 않았을 것이다. 그는 이미 잘 알려진 음악가였기에 단지 음반 제작사에 전화를 걸어 자신이 음악 활동을 다시 시작할 생각이 있다고 말하는 것으로 충분했을 것이다. 그와 비교해 보면, '우리'의 첫걸음은 훨씬 보잘것없지만 훨씬 어렵고 힘들다. 하지만 일단 첫걸음을 내딛고 나아가면, 그 여행은 생각보다 쉬워진다.

> 하나님이 감동을 보내 주시면, 그것은 우리에게 놀라운 능력을 발휘해 '죽은 자에서 일어날' 수 있게 하며 불가능한 일을 하게 한다. 영적 주도권의 경이성은 우리가 '일어나 걸을 때' 발휘한다. 하나님은 우리에게 이겨 내는 생명을 주시지 않으셨다. 그는 우리가 이겨 낼 때에 생명을 주신다.
>
> _오스왈드 챔버스(Oswald Chambers)

이 책의 첫 판을 썼을 때 나는 그리스도인 그룹과 함께 창조성에 대한 다른 책을 연구하고 있었다. 그 그룹에서 나는 대학 공부를 마치기 위해 고군분투하는 젊은 여성을 만났다. 그녀는 혼자 두 아이를 기르면서 스스로 학자금을 벌기 위해 파트타임으로 일을 했다. 그녀는 그룹 모임에 충실하게 나왔지만 그 주의 과제를 겨우 읽어 올 뿐 일기는 거의 쓰지 못했다. 처음에 그녀는 시간이 없어서 일기를 쓰지 못한다고 말했지만, 나중에는 자신이 일기 쓰는 것을 시작하지 못하게 막고 있는 무엇이 있는 것 같다고 고백했다. 그것은 실패, 혹은 자신에 관해 알려지는 것에 대한 두려움이거나 자신이 전혀 예술적 재능이 없을 것이라는 두려움, 아니면 그저 무력증이었을 것이다. 그래서 그룹의 구성원들은 계속해서 그녀가 꼼짝 못하고 있는 과거에서 빠져 나올 수 있도록 격려해 주었다. 그녀가 일기를 쓰지 못했던 이유는 근본적으로 자신과 하나님의 은혜에 대한 신뢰가 부족했기 때문일 것이다.

당신도 이 여성처럼 느낄 수 있다. 그렇다면 매들린 랭글의 『물 위를 걷다』(*Walking on Water*)라는 책을 읽어 보라. 두려움을 극복하고 하나님을 신뢰하는 방법에 관해 깨닫게 될 것이다.

> '예술가에게는 신뢰하는 마음이 있어야 한다'는 말은 충분히 공감이 간다. 예술가는 반드시 자기 자신과 자신의 작품을 신뢰해야 한다. 그는 하나님의 계시에 자신을 열어야 한다. 그것이 바로 신뢰라는 행위이다. 우리는 노르위치의 줄리앙(Julian of Norwich) 공주(중세 기독교 작가)와 같은 믿음이 있어야 한다. 이 세상의 모든 고통과 공포에도 불구하고 궁극적으로 하나님이 우리를 사랑하시는 목적은 이루어질 것이다. 또한 "모든 것이 잘 되고 모든 사람이 잘 되며 모든 일이 잘 될 것이다." 이 모든 것이 잘될 것이라는 믿음이야말로 모든 종류의 진정한 예술(기독교 예술)에 흐르고 있는 정신이며, 우리가 똑똑하거나 덕성이 있기 때문에 깨닫는 것이 아니라 은혜의 선물이다.[2]

이번 장의 마지막 연습 과제는 당신이 믿음으로 한 걸음 더 내딛는 데 도움을 줄 것이다. 하지만 이것은 당신이 충분한 능력이 있다거나 똑똑하거나 선하기 때문이 아니라 바로 하나님이 그러하신 분이기 때문이다. 만약 당신이 지금껏 출발선에서 멈칫하고 있었다면, 이러한 연습을 함으로써 그곳에서 벗어나 뛰어 나갈 수 있을 것이다. 또한 만약 당신이 이미 예술 활동을 시작했다면, 이 연습은 당신의 활동을 허락해 줄 것이다.

그림을 그리거나 시, 혹은 수필을 한 편 쓰라. 사진을 찍어라(찍어 둔 사진 중에 잘 된 것을 앨범에 정리하라). 고등학교 시절에 알던 곡 하나를 연주해 보라. 기타 줄을 새로 갈거나 피아노를 조율하라. 새 예술가 노트를 사거나 화구, 혹은 카메라의 필터를 새로 구입하라. 자금이 부족하다면 가능한 대안을 찾아보라. 중고상이나 벼룩시장을 알아보자. 주님은 당신의 노력을 보시고 축복하시기를 기다리고 계신다. 지난번에 적었던 "만약 … 하다면 … 했을 텐데."라는 상황을 어떻게 극복했는지 아래에 적고 당신의 예술가 노트에 계속해서 확장하여 써 보라.

이번 주 나는 작지만 이렇게 시작해 보겠다.

____

____

이번 주 동안, 그리고 앞으로 계속해서 당신이 예술가 노트에 글을 쓰거나, 당신 주변의 세상을 관찰하거나, 기도하면서, 혹은 성령의 촉구하심에 귀를 기울이거나, 운동을 하면서, 생활의 일상적인 책무를 하면서도 스스로에게 자신이 깨어나고 있다는 자각을 하라. 스스로에게 너그럽게 대하면서도 재능을 살리는 일을 '기분에 따라' 하거나 '감동이 올 때'까지 기다리겠다는 생각은 버리라. 이 여행은 우리가 하고 싶다고 느끼는 것을 하는 것이 아니라 해야 하기 때문에 하는 것이다. 랭글의 말대로, "예술가들은 작품에 귀를 기울여 그 작품이 지시하는 곳으로 가는 것이 그들의 작업의 대부분이기 때문에 감동이란 작품 활동을 하기 전에 오는 것이 아니라 작품 활동을 하는 중에 오는 경우가 대부분이다."[3]

너의 행사를 여호와께 맡기라 그리하면 네가 경영하는 것이 이루어지리라(잠 16:3).

Chapter 04

용서하기

누가 누구에게 불만이 있거든 서로 용납하여 피차 용서하되 주께서 너희를 용서하신 것 같이 너희도 그리하고(골 3:13).

고등학교 졸업을 앞두고 메리는 진로 상담을 하면서 자신은 아동 도서 일러스트레이션을 하고 싶다고 말했다. 하지만 상담 전문가는 메리를 무시하듯 이렇게 말했다. "그건 안 돼. 현실적으로 생각해야지. 영어학을 전공해서 교사가 되는 게 어때?" 하지만 메리는 그 말을 듣지 않고, 곧바로 미술재료 상점에 취직했다. 그곳에서 그녀는 여러 재료들을 어떻게 사용하는지를 배웠고, 활동 중인 화가들을 여럿 알게 되었다. 실제로 사람들이 화가라는 직업으로 생활비를 벌고 있다는 것을 알게 된 그녀는 꿈을 현실로 이루는 데 자신의 에너지와 재능을 쓰기로 했다. 지금 메리 엥겔브리트(Mary Englebreit)는 자신의 기를 꺾어 놓은 다른 사람의 말을 극복하고 세상에서 가장 성공한 직업 화가로 활동 중이다.

엥겔브리트는 어린 시절 낙심할 때마다 부모님이 작품 활동을 하도록 자신을 어떻게 격려하였는지를 기억한다. 9살 무렵 메리가 화실이 필요하다고 말했을 때, 어머니는 천으로 된 옷장을 개조해 화실을 만들어 주셨다. "그때부터 우리 부모님은 항상 나를 진짜 화가로 대접해 주셨어요. 그분들의 격려에 힘입어 정식 교육을 받지 않고도 계속 그림을 그릴 수 있었지요. 나는 스스로 항상 그분들이 하신 말씀을 되새깁니다. '너는 꼭 화가가 될 거야. 계속해. 상상할 수 있다면 그것을 얻을 수 있단다. 꿈을 꿀 수 있다면 그 꿈대로 이루어진단다.'"[1]

엥겔브리트의 이야기는 부모님, 친구, 배우자가 얼마나 예술가를 격려하는 데 핵심적인 역할을 할 수 있는지를 보여 준다. 예술가를 격려하는 데 인색한 현실은 왜 우리가 꿈을 꾸면서도 이룰 수 있다고 믿지 못하는지 이유를 설명해 준다. 이번 장에서 우리는 우리 삶을 격려해 주었던 사람들과 그 반대 역할을 했던 사람들을 살펴보려 한다. 그들의 태도가 어떻게 우리의 예술적 발전을 후원하거나 억제했는지 생각해 볼 것이다. 그런 다음 우리는 하나님이 주신 재능으로 꿈꾸고 행하는 자가 되도록 우리를 자유롭게 하기 위해 용서의 문제를 다룰 것이다.

용기를 내라

'격려와 실의'(encouragement and discouragement)는 모두 cor라는 심장을 뜻하는 라틴어에서 나왔다. 또한 용기(courage)와 같은 어원을 가진다. *American Heritage College Dictionary*에 따르면 encourage는 '희망, 용기 혹은 자신감을 불어넣다', '지원하다', '양육하다'의 뜻이 있는 반면, discourage는 '자신감, 희망, 혹은 정신을 빼앗다'의 뜻이 있다.(정신(spirit)과 영감(inspiration)에 대해서는 다음 장에서 논하겠다.) 우리는 세상을 살다보면 마음을 굳게 하고 용기를 갖도록 우리를 도와 하나님이 의도하신 사람이 되도록 격려하는 사람들을 만나는데, 이들이 바로 격려자다. 낙망케 하는 자는 의도하였든 의도하지 않았든 우리를 '겁쟁이'로 만들어 목표를 포기하게 만든다. 믿음을 가지고 꿈을 좇아가는 용기가 부족하면 우리는 스스로가 지닌 비전에 눈을 감아 버리게 된다. 우리를 가장 잘 알고 사랑하는 사람들의 낙망케 하는 말 때문에 성공과 능력에 대한 자신감을 잠식당한다.

내 여동생 노르마(Norma)는 재능, 근면한 노력, 결단, 장학금 그리고 학자금 융자를 통해 순수 미술 학위를 얻었다. 그녀는 벽이나 수제품, 고가구에 아름다운 그림을 그리는 훌륭한 화가이다. 그녀가 그린 유화들은 노스캐롤라이나 지역의 기품 있는 가정과 사업체의 곳곳을 아름답게 장식하고 있다. 수년 동안 그녀는 어머니로서 가정을 꾸리고 돌보았지만, 그림을 그리면서 생활비를 벌고 있다. 부모님은 단순히 화가라는 직업으로는 이 세상에서 살기 어렵다는 이유로 그녀의 용기를 빼앗는 말씀을 하셨지만, 그녀는 굴복하지 않고 이겨 나갔다. 노르마는 고등학교 졸업 후 콜럼버스 대학의 미술학과에 진학하고 싶다는 생각을 털어놓았을 때를 기억한다. 부모님은 그녀가 그만한 재능이 없으며 미술을 전공하는 것은 시간과 돈을 낭비하는 것뿐이라고 하셨다. 메리 엥겔브리트 부모님과는 정반대의 경우였다.

이렇게 용기를 빼앗는 말은 19살이었던 노르마에게 치명적이었지만, 그녀는 자신의 재능을 믿어 주었던 멘토를 통해 용기를 얻을 수 있었다. 그녀의 멘토였던 미술 선생님은 노르마가 자신의 꿈을 이룰 수 있도록 용기를 주었다. 현재 40대 중반인 노르마는 미술학 석사과정을 막 이수했으며, 마침내 그렇게 원하던, 다른 사람이 원하는 그림이 아니라 자신이 원하는 작품을 창작할 수 있게 되었다. 그녀는 이미 오래전에 어린 시절 자신의 목표를 지지해 주지 않았던 부모님을 용서했다. 또한 그녀가 직접 자신의 딸을 키우면서 자신의 부모님을 더 잘 이해하게 되었다. 그때 그녀에게 말씀하셨던 진심어린 부모님의 충고는 그녀가 가장 좋은 것을 찾도록 도와주기 위함이었음을 깨닫게 되었다. 어떤 부모님이 자신의 자녀가 '배고픈 화가'가 되겠다는데 이를 격려해 줄 수 있었겠는가?

당신의 인생에도 혹 예술가의 잠재력을 깨닫지 못하도록 막았던 사람이 있었는가? 당신은 예술인이 되기 위해서 누군가가 자신의 의욕을 꺾는 말을 극복해야 했

던 적은 없는가? 당신의 인생의 중요한 전환점에서 격려를 해 주지 않았던 사람을
용서해야 한다면, 그들의 이름을 여기에 쓰라.

과거에서 벗어나기

*American Heritage College Dictionary*에 따르면 '용서'(forgiveness)란 "분노를
품지 않고 허용하는 행위"이다. 그것은 불쾌한 감정에서 벗어나 더 이상 그것을 생
각하지 않겠다는 결단이다. 용서는 우리가 다른 사람에게 주는 무엇이 아니다. 그
것은 우리가 우리 자신에게 주는 선물이다. 그것은 누군가를 미워하는 고리에서
벗어나서 그 사람이 무슨 일을 했더라도 그에 관한 나쁜 감정에서 자유로워지는 것
이다. 물론 용서하지 않으면, 우리에게 잘못한 사람뿐만 아니라 우리 자신마저도 고
리에 걸리게 된다. 하나님이 우리에게 서로 용서하라고 말씀하신 것은 사람들 간의
연합을 위해서이기도 하지만, 용서하지 않는 굳은 마음은 용서가 필요한 사람에게
함정과 짐이 되기 때문이다.

용서를 이해하기 위해서 우리는 먼저 용서가 그들이 저지른 일(혹은 하기를 게을리
한 일)을 괜찮다고 말하는 것이 아니라는 점을 알아야 한다. 그것은 괜찮지 않았다.
실제 발생한 나쁜 일이었다. 당신은 그로 인해 꿈을 좇기에 필요한 자신감을 잃어버
렸다. 동기가 어찌 되었건 그들은 상처를 주었고 낙심하게 만들었다. 용서는 과거의
일을 다 허용하거나 그동안 그들에게 당신이 너무 심하게 대했었다는 것을 시인하
는 것이 아니다. 용서는 그 사람이 당신을 아프게 했다고 느끼는 것에 대해 아직도
당신이 가지고 있는 부정적인 감정을 진심으로 놓아 버리겠다는 의지이다.

주께서 이르시되 그 날 후로는 그들과 맺을 언약이 이것이라 하시고 내 법을 그들의 마음에 두고 그들의 생각에 기록하리라 하신 후에 또 그들의 죄와 그들의 불법을 내가 다시 기억하지 아니하리라 하셨으니(히 10:16-17).

성경에 나오는 가장 위대한 영웅들도 용서가 필요했다. 다윗이 밧세바와 간음한 이후 다윗에게 주신 하나님의 은혜는 우리가 그를 찾을 때 용서해 주시겠다는 하나님의 선한 의지를 잘 보여 준다.[2] 골로새서 3장 13절을 기억해 보자. "누가 누구에게 불만이 있거든 서로 용납하여 피차 용서하되 주께서 너희를 용서하신 것같이 너희도 그리하고" 주기도문에서도 우리는 용서를 '받을' 필요가 있을 뿐 아니라 다른 사람에게 용서를 '베풀' 필요가 있다고 했다.[3] 토비아스 울프(Tobias Wolff)라는 작가는 이렇게 말한다. "주기도문은 … 매일 기도해야 할 일들을 말하는 것 같다. 우리 자신이 용서의 원천이 되지 못한다는 것을 인식하고, 용서하도록 우리를 돕는다."[4] 하나님께서 그의 은혜로 우리의 죄를 덮어 주시고 그 죄의 존재조차 잊어버리시겠다고 약속하신 것 같이, 우리도 다른 사람을 용서함으로써 그들의 죄를 덮어 줄 필요가 있다. 우리는 또한 용서의 행위를 하기에 필요한 힘을 하나님이 주실 것이라고 믿어야 한다.

연습과제 1: 우리를 용서하신 하나님처럼 우리도 용서하자

앞서 당신을 '낙담하게 만들었던 사람들'의 목록에서 한 사람을 선택하라.

____

예술가가 되려는 당신의 꿈을 좌절시킨 그 사람이 했던 일(혹은 해야 할 일을 하지 않았던 일)을 생각해 보고, 그 사람에게 말하는 편지를 쓰라. 당신이 기억하는 그때의 상황에서 당신이 어떤 느낌을 받았으며, 그것이 '아직까지도' 당신에게 어떤 영향을 주고 있는지 말하라. 당신이 그들을 용서하는 것은 그들의 행동이 옳았거나 이해할 만한 일이기 때문이 아니라 분노의 감정에서 스스로 자유로워지기 위한 것이라고 설명하라. 이 연습은 부정적인 감정에서 놓여나기 위한 것이지 그들의 무의식적인 행위를 묵과하려는 것이 아니다. 아래의 공간에 그 편지에 쓸 내용을 간단히 요약하라. 당신의 예술가 노트에 쓸 이번 주 내용으로 이 편지를 쓰도록 하라. 진짜로 그 편지를 보내지는 않더라도 이러한 용서의 행위는 당신의 영혼을 해방시킬 것이다.

부모님과 선생님이 예술인으로서 목소리를 찾도록 당신을 도와주지 않았던 과거를 되돌릴 수는 없다. 그러나 당신은 그들이 한 일에 대한 결과를 바꿀 수는 있다. 하나님의 도우심으로 당신은 비난과 분노의 무거운 짐을 내려놓고, 성령의 임재를 준비할 수 있다. 좋지 못했던 과거가 주는 메시지가 아닌 성령의 임재야말로 당신이 하나님이 의도하신 예술인이 되도록 이끄는 추진력이다.

그렇다면 용서라는 깨끗케 하는 힘을 우리가 받아들이지 못하는 이유는 무엇인가? (여기서 용서란 단순히 받는 용서가 아니라 주는 용서를 말한다.) 그것은 어쩌면 습관 혹은 고집, 아니면 의분에 찬 자존심의 발로일지 모른다. 어떻게 하면 그들이 나에게 한 모든 잘못된 행동에도 불구하고, 그들을 고리에서 떼어낼 수 있을까? 어떻게 하면 그들 스스로는 자신이 용서받을 만한 일을 했다고 시인할 마음도 없는데, 먼저 그들을 용서할 수 있을까? 우리는 갚음을 원한다. 하나님의 징벌을 원한다. 우리는 정의를 원한다.

그러나 정의와 용서는 서로 아무런 관계도 없다. 기억하라. 우리는 우리 자신의 정신이 자유로워지기 위해서 용서하는 것이다. 누군가가 잘못한 행동을 속죄하려는 것이 아니다. 조안나 라우퍼(joanna laufer)와 케네스 S. 루이스(Kenneth S. Lewis)는 이렇게 말한다. "용서하기를 저항하는 우리는 대부분 그 저항에 매여 있다. 우리의 굳은 마음을 녹여 용서를 선택하고 나면 타협이나 약함으로 보였던 것이 이제는 성장, 움직임 그리고 사랑과 같은 선상에 있어 보인다."[5] 이 말은 용서가 우리에게 상처 주었던 사람들과 함께 우리 자신도 자유롭게 놓아 주는 행위임을 정확하게 표현한다.

앞으로 나아가라

우리는 용서가 '다른 사람의 언어나 악행의 희생자가 되도록 허용하는 것'과는 다르다는 것을 이해해야 한다. 예술가들은 특별히 자신의 작품에 관해서는 유약한 존재가 되기 쉽다. 그래서 별로 건강하지 못한 부정적인 언사나 맥 빠지는 말에 많은 영향을 받는다. 그러나 이런 말에 힘이 생기는 것은 우리가 그렇게 되도록 허용했기 때문이다. 그들의 생각 없는 말과 충고로 우리의 예술적 자아가 훼손당하지 않고도 용서는 가능하다. 우리는 그 '맥 빠지는 말'과 희망을 꺾는 언어에 대해 '반격'을 가할 수 있다. 다음의 연습과제를 해 보자.

연습과제 2: 맥 빠지는 말에 저항하기

아래의 각 문장들에 반박하는 문장을 적어 보자.

맥 빠지는 말 "그 시간에 뭔가 가치 있는 일을 해야 해."

반박의 말 "내 예술이 다른 사람이나 내 삶을 풍부하게 할 수 있다면 그것이 바로 가치 있는 일이죠."

맥 빠지는 말 "아무도 당신의 작품을 진지하게 대하지 않을걸."
반박의 말
____

____

맥 빠지는 말 "예술이 밥 먹여 주는 건 아니야."
반박의 말
____

____

맥 빠지는 말 "너는 ______가(이) 될 만한 재능이 없어."
반박의 말
____

____

어른으로 성숙하는 과정에서 우리는 부모님이나 가까운 사람들에게 우리가 원하는 완벽한 지원이나 허락을 모두 얻을 수 없음을 깨닫게 된다. 우리가 할 수 있는 일은 그들이 줄 수 있고 주고자 하는 도움만을 받아들이는 것이다. 그러므로 만약 때로 선한 의도로 잘되라고 하는 말이지만 결과적으로는 우리를 낙심케 하는 말에서 벗어나려면, 우리는 용기와 자신감을 가지고 앞으로 밀고 나가야 한다.

격려의 목소리

나는 엄마와 함께 영국 브라이튼 어느 실외 카페에서 커피를 마시고 있었다. 화려한 로얄 파빌리온(Royal Pavilion)에서 관광을 마친 후였다. 나는 카페에 앉아서 20대에 느꼈던 그 궁전에 대한 감상과 40대가 된 지금 내가 느꼈던 궁전에 대한 감상이 얼마나 다른지 엄마에게 설명하고 있었다. 그때 내 옆 테이블에 앉아 있던 한 여성이 말을 걸어 왔다. "엿들어서 죄송합니다만, 방금 말씀하시는 것을 들으니 그 표현이 너무 좋아서 좀 적었거든요. 제대로 적었는지 제가 읽어 볼 테니 좀 들어주시겠어요?" 이 여성의 말이 얼마나 나에게 용기를 주었는지 모른다. 내가 말한 단어들을 누군가가 받아 적고, 그것을 다시 확인하고 싶을 만큼 깊은 인상을 주었다는 것은 정말 기쁜 일이었다.

나에게 말을 건 캐롤린(Caroline)이라는 이름의 그녀는 나와 비슷하게 40대 후반이었다. 그녀는 내가 한 말을 정확하게 이해하고 있었다. 그 후 30분가량 서로 더 이야기를 나누었는데 주된 이야기는 나이가 들어가면서 관심사와 우선순위가 어떻게 바뀌었는지에 관한 것이었다. 내가 한 말을 적고 그것을 확인해 달라던 캐롤린의 행동은 내가 직업 작가의 길을 가도록 자신감을 심어 준 전환점이었다. 격려는 이렇게 가장 기대하지 않던 곳에서 오기도 한다.

우리가 어렸을 때는 어른들의 말과 행동에서 용기를 얻는다. 사실, 일반적으로 어린이들은 주로 양육해 주는 사람들의 눈과 반응을 통해 자신들을 보기 마련이다. 그러나 자라서 성인이 되면 친구, 선생님, 때로는 전혀 낯선 이들(브라이튼의 캐롤린처럼)과 하늘에 계신 아버지로부터 격려를 받기도 한다. 그들에게서 우리는 우리가 표현할 가치가 있는 뭔가를 지니고 있다는 것을 확증 받는다.

앞 장에서 보았듯이 특별한 하나님의 백성에는 예술가도 포함되어 있다. 출애굽기에서 하나님은 중요한 임무를 맡은 예술가들의 이름을 직접 불러 주심으로 그들을 높여 주셨다.

모세가 이스라엘 자손에게 이르되 볼지어다 여호와께서 유다 지파 훌의 손자요 우리의 아들인 브살렐을 지명하여 부르시고 하나님의 영을 그에게 충만하게 하여 지혜와 총명과 지식으로 여러 가지 일을 하게 하시되 금과 은과 놋으로 제작하는 기술을 고안하게 하시며 보석을 깎아 물리며 나무를 새기는 여러 가지 정교한 일을 하게 하셨고 또 그와 단 지파 아히사막의 아들 오홀리압을 감동시키사 가르치게 하시며 지혜로운 마음을 그들에게 충만하게 하사 여러 가지 일을 하게 하시되 조각하는 일과 세공하는 일과 청색 자색 홍색 실과 가는 베 실로 수 놓는 일과 짜는 일과 그 외에 여러 가지 일을 하게 하시고 정교한 일을 고안하게 하셨느니라(출 35:30-35).

성경이 구체적으로 서술한 것처럼 바벨론 유수기에는 유대왕, 기타 주요 관직의 인물과 함께 '정교한 일을 고안하는 자'들도 함께 잡혀갔다. 예레미야 24장 1절을 통해 "바벨론의 느부갓네살 왕이 유다 왕 여호야김의 아들 여고냐와 유다 고관들과 목공들과 철공들을 예루살렘에서 바벨론으로" 데려갔다는 것을 알 수 있다.

역대상 25장 1절을 보자. "다윗이 군대 지휘관들과 더불어 아삽과 헤만과 여두둔의 자손 중에서 구별하여 섬기게 하되 수금과 비파와 제금을 잡아 신령한 노래를 하게" 하였다. 역대상의 작가들은 다시 성전 예배에서 봉사할 '성별된'(set apart) 음악가의 이름까지 언급했다. 그 시대의 예언이란 미래에 관한 것이라기보다는 예배를 통해 하나님을 찬양하는 것과 관련해 있었다. 하나님은 음악을 사용해서 그의 백성이 자신과 더 가까워지도록 영감을 주셨다. "이들이 다 그들의 아버지의 지휘 아래 제금과 비파와 수금을 잡아 여호와의 전에서 노래하여 하나님의 전을 섬겼으며 아삽과 여두둔과 헤만은 왕의 지휘 아래 있었으니 그들과 모든 형제 곧 여호와 찬송하기를 배워 익숙한 자의 수효가 이백팔십팔 명이라"(대상 25:6-7)

만약 하나님께서 자신이 선택하신 백성의 역사 속에서 도공, 미장이, 악사들을 영화롭게 하셨다면, 오늘날 화가들과 도예가들도 이처럼 아끼실 것이 확실하다. 하나님은 우리 한 사람 한 사람의 이름을 알고 계실 뿐 아니라 우리에게 창조성이란 선물을 주셨다. 이런 하나님이 우리를 항상 격려하고 계시는데, 우리를 힘들게 했던 누군가에 대한 분노와 화의 감정을 간직하고 있을 이유가 무엇이 있겠는가? 우리가 다른 사람에게서 상처를 입고 화가 나거나 힘이 빠진 상태라면, 우리는 하늘에 계신 아버지의 격려에 집중할 필요가 있다.

그리고 하나님께서 우리를 격려해 주시는 다른 방법이 있음을 잊지 말아야 한다. 이 책 '감사의 말'에서 언급한 메릴린다(Marilynda)라는 친구가 그 예이다. 그녀는 내가 보낸 성탄절 편지를 읽고는 언제나, "제니스, 너는 작가가 되어야 해. 너는 언어를 다루는 재능이 있어. 글을 써야 해."라고 격려를 해 주었다. 다른 사람 중에서도 특별히 그녀는 오늘날 내가 직업 작가로 성장하는 데 도움을 주었다.

이번 주에는 당신이 '용기를 내도록' 도와준 사람들을 생각할 시간을 가지라. 그 사람들은 당신이 목표를 성취할 것이라고 믿는다. 그들은 당신이 자신의 능력을 믿도록 자신감을 심어 줄 것이다. 그러나 그들은 아무런 근거 없이 무엇이든 그저 칭찬만 하는 사람들은 아니다. 그들은 솔직하고 믿을 만한 충고로 당신이 근거 있는 자신감을 지니도록 하는 사람들이다. 위대한 예술가들을 연구하는 것도 격려를 얻을 수 있는 좋은 방법이다. 당신이 '꼭 그 사람 같아졌으면' 하고 원했던 사람의 작품이 있지 않았던가.

다음 연습과제는 직·간접적으로 재능을 키우도록 도움을 주었던 사람들을 생생하게 기억하는 데 목적이 있다. 우리는 예술성을 키우고자 하는 열망을 유지하도록 도와준 사람들을 기억해야 한다. 우리에게 본보기가 되고 감흥을 불러일으키는 사람들도 있다. 이 사람들이 바로 우리의 예술적 영웅들이다.

　예술가 노트에 당신이 예술가라는 믿음을 지니도록 당신을 어떤 방식으로든 격려하고 용기를 주었던 사람들의 명단을 만들라.

　당신의 인생에 "당신은 작가를 해야 해." 혹은 "그림을 계속 그려. 넌 정말 재능이 있어." 아니면, "음반을 한번 내 보지 그래? 너의 연주는 정말 좋아."라고 말했던 사람들을 생각해 보자.

　그런 다음 미술가, 음악가, 작가, 연주가 그리고 도예가 등 누구든지 그 작품으로 당신을 흥분시켰던 예술인을 생각해 보라. 당신이 존경하는 사람이나 실제로 아는 사람들이 그런 예술가가 될 수 있다. 그러나 당신이 원하는 예술 분야에만 한정하지 마라. 음악가, 순수 미술가, 작곡가, 도예인, 유리공예작가, 보석 세공가, 조각가, 작가, 무용수, 연극배우, 감독 그리고 가수들도 고려해 보라. 이 책에 나오는 예술가를 포함시켜도 좋다.

　이제 커다란 종이에 그 이름을 모두 적어라. 그 예술가들이 사용하는 예술도구의 그림이나 심볼을 사용해 각 격려자들을 연상할 수 있도록 꾸미라. 그 포스터를 당신의 작업실 벽에 제목을 써서 걸어 놓으라.

최대의 적은 바로 자신

　이제까지 낙심이란 과거의 유령을 다루면서 격려가 주는 긍정적인 힘을 발견했다. 이제는 예술가인 자신에 관한 당신의 태도가 어떠한지 그리고 그것이 어떻게 예술가로서의 길을 막고 있는지를 생각해 보고자 한다. 우리는 자신의 부정적인 태도와 습관을 보면서 좌절하거나 낙심하기보다는 이것이 적응기제의 일부로 사용되었음을 이해해야 한다. 스스로를 용서하자.

　언젠가 방문했던 교회에서 "비전대로 살아라"라는 제목의 설교를 들은 적이 있다. 그 설교는 우리의 인생에 대한 비전이 얼마나 제한적인지를 깨닫게 해 주었다. 왜 내가 메리 엥겔브리트처럼 자신이 설정한 목표보다 더 성취할 수 있다는 것을 믿지 못했던가? 내 자신의 최대의 적은 내가 미래를 포기하지 않고 비범한 성취를 이룰 수 있도록 허용치 않았던 나 자신이었다는 사실을 깨달았다. 왜 나는 엥겔브리트가 세웠던 그런 방법으로 목표를 세우지 않았던가? "꿈이 있으니 할 수 있어." 라고 믿기를 멈추었던 때는 언제였던가?

다음 질문에 '예'와 '아니오'로 답하라.

1. ____________ 나는 어렸을 때, '무엇이 되고 싶다'는 구체적인 꿈이 있었다. 그렇다면 그 꿈은 무엇이었는가?

____

____

____

2. ____________ 적어도 선생님 한 분은 내가 할 수 있다고 생각했던 스스로의 믿음보다 더 나를 격려해 주셨던 것을 기억한다. 그렇다면 그 선생님은 누구였는가?

____

____

그 선생님이 격려해 주신 내용은 무엇이었는가?

____

____

3. ____________ 학교생활을 할 때 적어도 성공적이라고 느낀 한 가지 이상의 구체적인 분야가 있다. 그렇다면, 잘 했던 분야는 무엇이었나?

____

____

4. ____________ 하나님이 내 인생에 계획을 지니고 계시고 나는 직업에서 그의 뜻을 따르며 내 비전이 그의 것과 일치하도록 하겠다는 믿음을 지니며 자랐다. 만약 이 말이 사실이라면, 하나님의 계획이라고 생각한 당신의 인생에 대해 적어 보라.

____

____

____

5. ____________ 어느 정도는 내 어린 시절에 품었던 비전을 추구하며 살아왔다. 그렇다면, 당신이 추구한 꿈은 어떤 종류였는가?

____

____

6. ____________ 나는 최근에 내 인생에 구체적인 비전을 세웠거나 새롭게 했다. 그렇다면, 그 꿈을 살리기 위해 어떻게 해야 할지 설명하라.

____

____

이 연습은 당신에 관한 중요한 몇 가지를 말해 줄 것이다. 위 질문들에 대부분 "그렇다"라고 답했다면 당신은 지금, 혹은 언제가 되었든, 인생의 비전을 가진 사람

창조적 소명

이며 그 비전을 현실로 이룰 수 있다고 믿는 사람이다. 또한 그것은 자기 의지 혹은 자기 결단 이상의 어떤 것을 지니고 있었다는 말이 된다. 하나님은 모든 것을 아시며 모든 능력을 지니고 계신 분이기도 하지만, 모든 그의 자녀들의 삶에도 개인적인 관심을 두고 계신 분이다. 이런 사실을 믿고 자란 어린이들은 자신이 '계획한 일이 이루어질 것'보다 더 큰 믿음을 가질 수 있다. 그렇다고 어릴 때에 하나님을 알고 자란 사람들에 비해 나처럼 뒤늦게 하나님을 믿게 된 사람들이 자신의 목적을 이룰 수 없다는 말이 아니다. 단지 하나님은 우리가 그를 받아들이고, 그가 우리를 향한 계획에 대해 준비할 때 우리에게 다가오신다.

잠언 3장 5절은 우리에게 이렇게 명한다. "너는 마음을 다하여 여호와를 신뢰하고 네 명철을 의지하지 말라." 이 구절은 하나님이 우리 삶에 계획이 있으시며, 우리가 자기 결단에 의지하기보다 그의 인도하심을 구해야 한다는 것을 의미한다. 하나님이 우리 각자의 인생과 발전에 관심을 두고 계시다는 믿음이야말로 이 책의 전체를 관통하는 기본이다. 우리가 우리 자신에게 의지하기는 것을 멈추고 하나님에게로 돌아서면 우리는 은사와 재능의 사용을 게을리 한 자신의 실수와 실패를 용서할 수 있다.

내 경우도 30대 중반이 되기까지는 하나님과 친밀하고 인격적인 관계를 맺는다는 것이 무슨 의미인지를 알지 못했다. 그제야 나는 진정으로 하나님을 믿는 것에 대해 성경은 무엇이라고 말하고 있는지, 그리고 나 자신의 명철을 의지하지 않는 것이 무엇인지를 알게 되었다. 일단 그 진실 앞에 서서 내가 아닌 하나님을 의지하자 내 인생은 극적으로 변했다. 나는 내 저작을 나 자신을 영화롭게 하는 도구가 아닌 하나님과 좀 더 가까운 관계를 만들기 위한 통로로 보기 시작했다. 영감을 주고 인도해 주시는 하나님을 신뢰하게 되었다. 빨리 시작해야 한다는 부담감을 내려놓고, 내 인생을 어떻게 그의 뜻에 맞게 일치하고 나에게 주신 재능을 사용할 것인지 내 눈을 열어 주심에 대해 매일 하나님께 찬양을 올려드렸다. 나는 글쓰기를 그분을 영화롭게 하는 도구로 보았다. 인생에서 나를 낙담하게 했던 이들을 용서하는 법을 배웠고, 하나님을 나의 가장 중요한 격려자로 여기게 되었다.

하나님은 "무릇 너희 중 마음이 지혜로운 자는 와서 여호와께서 명령하신 것을 다 만들지니"(출 35:10)라고 말씀하시며 우리를 부르셨다. 두려움과 아집 혹은 하나님에 대한 불신과 그의 뜻에 순종하지 않겠다는 선택을 한 반항성(아직 그런 마음의 상태를 가지고 있을 수 있음)에도 불구하고, 우리는 그 사실로 인해 우리 자신을 포기해서는 안 된다. 재산을 다 탕진해 버린 방탕한 아들의 귀향을 기뻐했던 아버지처럼 우리의 천국 아버지께서는 과거에 우리가 그의 존재를 무시했던 죄(눅 15:11-32)에 대해 용서를 구하기만 하면 우리의 귀환을 환영하실 것이다. 다음 장에서 볼 것이지만, 하나님은 우리에게 성령을 주셔서 우리가 그를 통해 하나님이 우리를 위해 설계하신 의미 있는 삶을 이해하고 살아낼 수 있도록 만드신다. 하나님은 우리가 그분의 창조 협력자로서 은사와 재능을 사용하도록 우리를 초대하셨다.

하나님이 주신 재능의 복을 받은 예술인들은 부분적으로라도 그 재능으로 삶을 살아갈 확실한 힌트를 제공받기 때문에 대단한 행운아이다. 만약 우리에게 예술적 은사가 주어졌다면 우리 삶에는 그 은사를 사용한 흔적이 있어야 한다. 하나님의 선물은 우연한 사건이 아니다. "온갖 좋은 은사와 온전한 선물이 다 위로부터 빛들의 아버지께로부터 내려오나니 그는 변함도 없으시고 회전하는 그림자도 없으시니라"(약 1:17) 그 주님이 바로 우리의 가장 크신 격려자이다. 우리의 손이 그의 안에서 굳건히 심길 때, 우리는 그가 원하는 사람이 되겠다는 비전을 발전시키기에 필요한 어린이와 같은 믿음을 새로 배우게 될 것이다. 잠언 16장 3절은 이렇게 말한다. "너의 행사를 여호와께 맡기라 그리하면 네가 경영하는 것이 이루어지리라." 주님께 우리의 일을 맡기는 중요한 첫걸음은 처음부터 그렇게 하지 않았던 자신을 용서하는 것이다. 다음 단계는 앞으로 나아가며 뒤돌아보지 않는 것이다.

창조적 소명

용서함으로 얻는 자유

여기까지 읽으면서 당신은 어떻게 해서 꿈을 잃어버리게 되었는지 그 원인 제공자를 알아내는 것이 그 결과에서 자신을 자유롭게 하는 것만큼 중요하지는 않다는 것을 분명히 알았을 것이다. 그보다는 자신을 자유롭게 하는 용서를 실천함으로써 우리는 다시 예술가의 꿈을 지닐 수 있다. 만약 우리가 삶을 창조적이고 생산적인 예술가로 살겠다는 새로운 비전이 생기기를 바라거나 회복을 원한다면 우리는 먼저 과거를 떠나야 한다. 다음에 나오는 유명한 기도문은 외워 두는 것이 좋겠다. 이 시는 용서함의 행위를 통해 당신이 주님의 평화를 위한 도구로 쓰임받도록 격려할 것이다.

연습과제 5: 통회기도

로마 가톨릭 교회에서는 죄를 고백하며 용서함을 청하는 통회기도를 한다.(부록을 보라.) 아래의 공간이나 당신의 예술가 노트에 당신의 꿈과 비전을 신뢰하지 못했던 것에 대해 '하늘의 빛이 되신 아버지'의 용서를 구하는 기도문을 작성하라. 그 기도문의 마지막은 당신을 위한 하나님의 비전을 구하고 그 비전을 이루도록 도우실 능력을 신뢰하는 확신으로 끝을 맺어라.

통회기도

____

____

____

____

____

평화의 기도

아씨시의 성 프랜시스(St. Francis of Assisi)

주님

나를 당신의 도구로 써 주소서.

미움이 있는 곳에 사랑을,

다툼이 있는 곳에 용서를,

분열이 있는 곳에 일치를,

의혹이 있는 곳에 신앙을,

그릇됨이 있는 곳에 진리를,

절망이 있는 곳에 희망을,

어두움에 빛을,

슬픔이 있는 곳에 기쁨을 가져오는 자 되게 하소서.

위로받기보다는 위로하고,

이해받기보다는 이해하며,

사랑받기보다는 사랑하게 하여 주소서.

우리는 줌으로써 받고,

용서함으로써 용서받으며,

자기를 버리고 죽음으로써 영생을 얻기 때문입니다.

판단의 틀을 내려놓고 스스로를 용서할 수 있을 때 진정한 위안이 찾아온다. 성 프랜시스의 기도는 모든 이해를 초월하는 평화로의 초대이다. 분노의 짐에서 자유로워질 때 맛볼 수 있는 평화이다. 우리가 사용할 수 있는 가장 강력한 도구인 용서는 창조적 소명을 부른다.

비판하지 말라 그리하면 너희가 비판을 받지 않을 것이요 정죄하지 말라 그리하면 너희가 정죄를 받지 않을 것이요 용서하라 그리하면 너희가 용서를 받을 것이요(눅 6:37).

Chapter 05
성령을 마시라

그러나 사람의 속에는 영이 있고 전능자의 숨결이 사람에게 깨달음을 주시나니

(욥 32:8).

뮤즈(Muse)는 고대 그리스 신화에서 모든 예술과 과학의 위대한 작품을 주재하고 영감을 주는 9명의 아름다운 젊은 여신 중 하나다. 예술가들은 그 뮤즈를 숭배하고, 그를 통해 영감을 얻고자 기도한다. 그렇게 하지 않으면 모든 창조적인 노력이 허사로 돌아가리라 믿었기 때문이다. 일리아드(*The Iliad*)와 오딧세이(*The Odyssey*)의 작가인 시인 호머(Homer, c. 850 B.C.)는 그의 위대한 서사시 중 하나를 짓기 위해 역사의 여신인 클리오(Clio)와 서사시와 문체의 여신인 칼리오페(Calliope)를 불러들이고자 했다. 일리아드는 "오 뮤즈여, 노래하라!"라고 말하면서, 마음으로 노래하고 언어에 정신을 불어넣기 위해 시인 자신보다 위대한 무엇인가를 부르고 있다. 뮤즈 여신을 부른다는 것은 창조를 위한 영감을 얻기 위해 기도한다는 것을 의미한다. 예수님 시대 이전에도 예술가 자신보다 어떤 외부에 위대한 창조력의 원천이 있다는 인식이 존재했다.

뮤즈에 대한 소고

그리스 비극, "트로이의 여인들"(The Trojan Women)(서기전 416년에 첫 공연함)에서 희곡 극작가 유리피데스(Euripides)는 첫머리에 이런 슬픈 합창을 넣었다.

노래하라, 뮤즈여, 트로이를 위한 노래를,

눈물을 부르는 야릇한 노래와

무덤으로 가는 음악을.

입술이여, 트로이를 위한 곡조를 읊어라.

이 합창을 통해 노래와 음악은 작가의 펜을 지나 연주자들의 입술을 통해 나오지만 그 원천은 항상 뮤즈의 여신에게 있다는 사실을 알게 된다. 에스킬로스의 아가멤논(Aeschylus's Agamemnon)이란 비극에서도 비슷하게 트로이 전쟁 이후의 비극적 상황을 다루고 있는데, 그 극시(劇詩)에는 이런 구절이 나온다.

운명에 떠밀려 간 영웅의 여행을 노래하는 나에게 힘 있으리.

비록 우리 늙었어도, 하나님의 영은

음악의 막강한 설득력을 우리에게 불어넣네.

'하나님의 영'은 시인의 재능을 통해 '음악의 막강한 설득력'을 그 합창에 주입한다.('음악'이란 단어는 문자적으로 '뮤즈의 기술'(the art of the Muses)이라는 뜻이다.)

기원전 4, 5세기의 그리스인들은 대부분 여러 신을 믿었다. 하지만 그들이 경배하던 많은 신 중에서도 '알 수 없는 하나님'이라고 지칭하는 신이 있었다. 그렇기 때문에 바울이 1세기에 기독교를 전파했을 때 어느 정도 기독교에 대한 준비가 있었던 셈이다. 일부 그리스인들이 예수를 그들이 그토록 오래 기다리던 '알 수 없는 하나님'으로 인식하면서 그들의 신과 신격화된 통치자를 떠나 새로운 종교로 개종했다. 그러면서 그 영웅들은 아름다운 우화(mythos), 즉 '이야기'를 뜻하는 단어에서 온 신화 속에서만 살아남게 되었다. 오늘날은 옛 종교가 이미 사라져서 존재하지 않는다. 고대 사람들이 남긴 것은 그들의 과학과 건축, 예술, 철학, 민주주의의 개념, 문학, 무엇보다 자신들 밖에서 오는 어떤 요인, 뮤즈라고 부르는 신에 의해 영감을 얻는다는 믿음이다.

1674년 존 밀턴(John Milton)이 쓴 '실낙원'을 보면 아름답고 젊은 요정이라는 개념이 서구 집단적 의식 속에 아직도 옛 고전적 이상으로 전수되고 있음을 알 수 있다. 그에 대체해서 그리스도인들은 예술가의 뮤즈는 '성령'이라고 믿는다. 즉 영감의 원천이고, 예술가 자신에서 분리되며, 예술가보다 더 강한 존재라는 믿음이다. 밀턴의 '실낙원' 제 1권에 나오는 아담과 하와의 타락에 관한 서사시 도입부에서 성령을 뮤즈의 신으로 부른 대목인 다음을 읽어 보자(뜻을 분명하게 하기 위해 약간 말을 고쳤음-저자).

노래하라, 천상의 뮤즈여… 나는 지금

당신의 도움을 구하노라….

오 성령이여, 당신은 모든 신전 앞에서

누구보다 순수하고 의로운 마음을 기뻐하노니,

나를 가르치소서. 당신은 가장 지혜롭고,

처음부터 계신 자이니, 그 위력의 날개를 펼치사,

그 막연한 혼돈을 비둘기 같이 품고 앉아

내 속에 있는 어둠을 비추소서.

낮은 것을 높이시고 세우소서.

밀턴이 노래한 '천상의 뮤즈'는 분명 성령이다. 그 "성령은 모든 신전 앞에서 순수하고 의로운 마음을 기뻐하며"[1], "처음부터 계신 자이며 위력의 날개를 펼쳐" 모든 피조물을 덮는다. 이 이미지는 "땅이 혼돈하고 공허하며 흑암이 깊음 위에 있고 하나님의 영은 수면 위에 운행하시니라."라고 한 창세기 1장 2절에 바탕을 두고 있다. 하나님의 성령이 혼돈의 수면에 운행하시면서 공허한 흑암 위를 덮고 있다. 그의 전능하심과 그 성령의 깊이로 하나님은 창조에서 가장 중요하다고 생각되는 말을 하신다. "거기에 빛이 있으라."(Let there be light.) 그래서 빛이 생겼다.

밀턴이 자신을 비추었다고 말한 그 성령은 하나님께서 오늘날 우리를 예술가와 공동 창조자로 부르신 성령과 같다. 성령을 부른다는 것은 밀턴에게는 뮤즈를 부르는 것이며, 내가 이 책 전체를 통해 말하고자 하는 것이다. 하나님께서는 우리에게 재능을 주시고, 성령은 우리가 부를 때 그의 생명의 숨을 불어넣어 우리가 그 재능을 어떻게 살릴 수 있을지 알게 하신다. 하나님의 영은 우리가 깨닫든지 못 깨닫든지 우리 안에서 일하고 계신다. 우리가 의식적으로 '순수하고 의로운 마음을 가지고' 그의 도움을 요청한다면, 우리는 그가 빛을 비추사 (우리를) 높이시고 지원해 주실 것이라고 기대할 수 있다. 하나님의 영이 우리 안에 있으면 우리는 그가 우리에게 (우리를 표현하기 위해 어떤 예술적 매개체를 사용하든지 상관없이) 주신 언어를 사용할 수 있으며, 그와 함께 공동의 창조자가 될 수 있다. 기독교 예술가가 된다는 의미는 예술의 내용을 반드시 기독교적으로 해야 한다는 것이 아니라 성령이 드러내는 진리가 그 중심이 되어야 한다는 것이다.

> 우리가 세상의 영을 받지 아니하고 오직 하나님으로부터 온 영을 받았으니 이는 우리로 하여금 하나님께서 우리에게 은혜로 주신 것들을 알게 하려 하심이라(고전 2:12).

창조적 소명

아래에 있는 기도문은 가톨릭이나 영국 성공회에서 익숙하게 접할 수 있다. 이는 가톨릭의 미사경본(*missal*)이나 성공회의 공도문(*Book of Common Prayer*)에 나와 있다.

오소서, 성령이여, 우리의 마음을 당신의 신실함으로 채우소서.

그리하여 우리에게 당신의 사랑이 불붙게 하소서.

당신의 영을 보내시면 그들이 창조되리이다.

그리하여 당신은 지상의 얼굴을 새롭게 하리이다.

내가 이 기도문을 좋아하는 이유는 어떤 감흥이나 도움 혹은 지혜가 필요할 때마다 기도하듯 읽을 수 있기 때문이다. 단어의 사용이 약간 딱딱하고 예스러워 아마 모든 사람들이 나와 같이 느끼지 못할 수도 있다. 하지만 옛 시인들과 마찬가지로 우리도 각자 자신의 기원과 감흥을 위한 기도문을 만들어야 한다. 이 장의 첫 번째 연습과제로 성령을 간구하는 기도문을 작성해 보자.

연습과제 1: 성령의 부름

앞에 있는 성령을 간구하는 기도문을 모델로 하여 성령을 부르는 개인적인 자신만의 기도문을 만들어 보자. 이 기도문의 목적은 고전 작가들이 그랬듯이 당신이 뭔가를 창조하기 시작할 때 창조적이고 빛을 밝히시는 그의 권능을 불러들이는 것이다. 또한 당신은 하나님이 원하시는 대로 예술 작업에서도 그의 종으로서 자신을 내어 드리겠다는 마음을 상기하는 것이다. 이는 당신에게 예술가의 기도가 될 것이다. 작업을 시작할 때나 계속 진행해 가면서 그리고 당신이 추구하는 과정에서 만나는 어쩔 수 없는 장애를 넘기 위해 이를 사용할 수 있다.

창조자, 성령 그리고 말

삼위일체의 신비는 그야말로 신비롭다. 하나님의 세 인격을 떼어서 분리하려 하면 할수록 우리는 더욱 당황스러움을 느낀다. 창작의 발전을 영적인 문제로 보기 시작하면서 나는 창세기 1장과 요한복음 1장에 있는 창조 이야기를 창조 과정의 메타포로 보기 시작했다. 나는 하나님 아버지를 예술가 혹은 창조자로, 성령을 창조를 위한 영감의 원천으로 그리고 예수님을 하나님의 창조성의 표현으로 본다. 성경에 나오는 중요한 창조 이야기의 예를 통해 내 논리를 설명해 보겠다.

태초에는 "땅이 혼돈하고 공허하며 흑암이 깊음 위에 있고 하나님의 영은 수면 위에 운행하시니라"(창 1:2)라고 창세기에서는 말한다. 하나님의 영은 혼란의 어두운 물 위에서 어두움이 "빛이 있으라!"는 하나님의 말씀에 의해 정복될 때까지 기대함으로 휘돌고 있다. 그것이 창조의 시작이었다. 무엇이 먼저였을까? 영감 아니면 창조의 행위? 하지만 순서는 문제가 되지 않는다. 그 둘은 모두 태초부터 있었다. 게다가 창조의 과정에서 창조자 아버지와 영감자 성령뿐 아니라, 요한이 우리에게 말해 준 대로 그 아들도 '태초부터' 하나님과 함께 계셨다.

"태초에 말씀이 계시니라 이 말씀이 하나님과 함께 계셨으니 이 말씀은 곧 하나님이시니라 그가 태초에 하나님과 함께 계셨고"(요 1:1-2). 만약 이 말이 사실이라면 '태초에 하나님과 함께' 계신 예수님의 능력은 무엇이었을까? 예수님은 '말씀'이시다. "만물이 그로 말미암아 지은 바 되었으니 지은 것이 하나도 그가 없이는 된 것이 없느니라"(3절). 분명 예수님이 그 창조의 현장에 계셨으며 요한은 그를 가리켜 '말씀'이라고 하였다. 창세기로 되돌아가 보면 그때에 하나님의 영, 창조주 하나님 그리고 하나님이 하신 말씀, 이 세 가지가 있었음을 알 수 있다. 말씀이 있은 후에 빛이 창조되었다. 그런즉, 빛이 생긴 것은 말씀이 있은 후였다. 내 생각에 요한이 예수님을 '말씀'이라고 비유한 이유가 여기에 있는 것 같다. 그 세 요소(하나님의 영, 창

창조적 소명

조주 하나님 그리고 표현의 매개체(말)는 '태초에' 존재했다.

우리가 좀 더 깊이 창조적 소명에 유의하여 좀 더 완전하게 하나님의 초대, 즉 그와 함께 공동의 창조자가 되도록 하신 그의 초대를 받아들인다면, 예술인들의 삶에 꼭 필요한 창의력에도 세 가지의 창조적 과정이 있음을 알 수 있다. 창조자(예술가), 감동 혹은 영감(성령) 그리고 표현의 매개물(우리의 창조적 언어)이 바로 그것이다. 우리 창작의 행위가 구약과 신약에서 말한 신적인 창조를 흉내 낸 것이라는 것을 깨달으면 우리의 예술적 재능과 하나님, 위대한 예술가 사이에 어떤 관련이 있다는 것을 알 수 있다.

말씀이 육신이 되어 우리 가운데 거하시매(요 1:14).

예수님의 사촌이었던 요한이 요단강에서 예수님께 세례를 베풀 때 그 삼위일체의 세 인격이 다시 드러났다. 마가복음 1장 10-11절에는 "곧 물에서 올라오실새 하늘이 갈라짐과 성령이 비둘기 같이 자기에게 내려오심을 보시더니 하늘로부터 소리가 나기를 '너는 내 사랑하는 아들이라 내가 너를 기뻐하노라' 하시니라." 하였다. 성령은 비둘기같이 나타났지만 소리 없이 날아든 것은 아니었다. 또한 하늘이 '갈라'졌다.(탄생이란 결국은 몸을 뒤트는 경험이 아니던가.) 성령이 나타난 후 우리는 예수님이 지상에서의 사역을 시작하실 때 하나님이 그를 '격려'하시는 말씀을 듣게 된다. "너는 내 아들이라. 내가 사랑하는 자니 내가 너를 기뻐하노라." 다시 한 번 우리는 창조의 세 요소를 본다. 창조주, 성령 그리고 말씀. 아버지 하나님, 성령 하나님 그리고 성자 하나님이 예술가, 감동 그리고 표현으로 나타난다. 창조는 사실 그 결과이다. 뭔가 새로운 것(새로운 계약, 예수님의 새로운 사역)이 탄생했다.

보라 내가 새 일을 행하리니 이제 나타낼 것이라 너희가 그것을 알지 못하겠느냐

성경의 다른 구절에서도 창조의 과정을 예술가, 감동, 표현, 창조라는 순환으로 파악한다. 오순절이 되어 성령은 더욱 놀라운 방법으로 나타나셨다. 제자들은 예수님께서 돌아가신 후 가야 할 길을 잃고 절망한 채 함께 모여 있었다. 그들은 지난 삼 년 동안 자신들의 삶을 지켜 왔던 그 비전을 잃어버렸다. 그때 예수님이 약속하신 사건이 바로 그대로 나타났다.

> 홀연히 하늘로부터 급하고 강한 바람 같은 소리가 있어 그들이 앉은 온 집에 가득하며 마치 불의 혀처럼 갈라지는 것들이 그들에게 보여 각 사람 위에 하나씩 임하여 있더니 그들이 다 성령의 충만함을 받고 성령이 말하게 하심을 따라 다른 언어들로 말하기를 시작하니라(행 2:2-4).

사도행전의 작가인 누가는 사도들이 감동을 받은 후에 '다른 나라 말로' 말했다고 전한다. 사도행전의 여러 번역본들은 '방언'(other tongues)이란 말 대신에 '다른 언어'(other language)라는 표현을 사용한다. 그때 사도들은 세상 사람들에게 예수 그리스도를 통한 구원의 복된 소식을 전하도록 위임받았다. 이 장면을 연상하면서 그 옛날의 성령강림 사건이 오늘날의 예술인에게 어떤 관련이 있는지를 살펴보자.

예술가를 위한 중요한 두 가지 은유는 성령을 '바람'과 '불'의 이미지로 보는 것이다. 그랜드 캐넌을 조각하고 산을 녹이는 이 근본적인 힘은 우리가 우리의 삶에 성령을 초대할 때 우리 안에서 일하시는 권능을 나타낸다. 매들린 랭글은 이렇게 표현한다. "성령은 우리 모두가 성장하도록 우리에게서 직관적인 면을 이끌어 낸다. 성령의 바람은 온화하며 섬세하지만 때로는 그 강함이 산처럼 높은 파도와 같고 길 위의 모든 것을 파괴하는 태풍과 같다."[1]

사도행전에서는 성령을 "마치 불의 혀처럼 갈라지는 것들이 그들에게 보여 각 사람 위에 하나씩 임하여 있더니"(행 2:3)라고 표현하기도 한다. 현대 예술가들은 이 방언의 은사를 다르게 보기도 한다. 이미 앞서 보았듯이 대개 성령은 스스로 세상에 자신의 존재를 드러내는데, 그때에 성령은 '움직이며' 하나님은 '말씀'하신다. 창조는 이런 움직임과 말씀이 조합할 때 가능하다. "홀연히 하늘로부터 급하고 강한 바람 같은 소리가 있어 그들이 앉은 온 집에 가득"한 성령의 감동을 예술가가 경험할 수 있을까? 사도들이 모든 언어로 복음을 전할 수 있도록 하나님께서 주신 권능의 불의 혀처럼, 우리도 예술적 표현으로 세상에 '말'할 위임을 받은 것이 아닐까?

만약 오순절의 사건을 이런 시각으로 본다면, 아이디어와 영감을 어디에서 받을 것인지에 대한 염려를 떨쳐 버릴 수 있다. 즉 예수님을 우리 삶으로 받아들일 때 우리 안에는 성령이 임재하신다. 민속 예술가인 하워드 핀스터(Howard Finster)는 이렇게 말한다. "성령님께서 내 삶에 오셔서 내 영혼을 소생시키시고 나를 새로운 사람으로 만드셨다. 내 인생에서 가장 놀라운 일이었다. 나는 거룩한 영, 즉 하나님의 성령으로 거듭났다. 내 나이 80살이 넘은 지금도 그 성령은 나와 함께 계신다. 거룩한 영의 느낌이 나를 떠난 적이 없다."[2] 성령을 우리 삶에 모셔 들이고 나면 우리는 변화하고, 우리의 예술은 그 변화를 증거한다.

천상의 숨결

'영'(spirit)과 '숨'(breath)이라는 단어는 산스크리트어(pragna), 헤브루어(ruach), 라틴어(spiritus), 그리스어(pneuma)에서 같은 의미로 쓰인다. 'spirit'과 'inspire'는 '숨'을 의미하는 라틴어 'spiritus'에서 나왔다. 'Inspire'는 '숨을 들이마시다'(in, into +

spirare, to breathe)를 의미한다.

> 우리가 경험할 수 있는 가장 아름답고 심오한 감정은 신비한 것에 사로잡힌 것과 같다. 그것은 모든 진정한 과학의 씨앗이다. 이런 낯선 감정과 신비함이나 경외감에 넋이 나간 듯한 경험이 더 이상 없다면 그는 죽은 자와 마찬가지이다.
>
> _알버트 아인슈타인(Albert Einstein)

디모데후서 3장 16절은 "모든 성경은 하나님의 감동으로 된 것"이라는 구절로 시작한다. 여기서 '하나님의 감동'으로 번역된 원어 'theopneustos'는 헬라어로 '하나님의 호흡으로 된'(God-breathed)이라는 의미이다. 또한 '영감(혹은 감동)을 받는다'는 '영을 들이마신다.'라는 뜻이다. 감동은 우리 안으로 하나님의 숨을 들이마시는 것이다. 하나님은 그의 창조적인 생명의 숨을 성령의 감동을 통해 불어넣어 주시고자 한다. 우리는 그 선물을 그저 받기만 하면 된다.

E.M. 포스터(E.M. Foster)는 "창조적 상태의 사람은 자아를 벗어난다. 그는 무의식에 두레박을 내려 일상적으로는 닿을 수 없는 곳의 물의 길어 올린다. 그는 거기에 일상적 경험을 섞고 그 혼합 속에서 예술 작품을 만들어 낸다."라고 말한다. 그러나 이런 경험에서 나온 통찰력은 독자에게 "그렇게 된다면야."라는 한숨 섞인 탄식을 자아내게 한다. 기독교 예술가인 우리가 두레박을 무의식의 정신세계로 내려도 그 속에 아무 것도 담기지 않은 채 올라올 수 있다. 따라서 영감의 원천을 자신이 아닌 우리의 뮤즈인 성령에 두어야 한다. 그러나 우리가 하나님께 드리는 기도 응답이 항상 우리가 원하는 때에, 원하는 방식으로 오지 않듯 하나님께서는 우리의 요구만큼 멋진 예술적 영감을 주시지 않을 수 있다. 그저 기다려야 할 때도 있다.

창조적 소명

약 십 분 정도를 쉬지 말고 예술가 노트에 글을 쓰라. 당신에게 영감을 주거나, 생명의 숨길을 불어넣어 주거나, 창조의 불길을 당기는 모든 것을 적어 보라.

그중에서 특별한 영감의 원천이 되는 한두 가지를 선택하여 구체적으로 묘사하라. 그것들이 당신에게 그런 힘을 준 이유는 무엇인가?

예술적 한계가 왔다고 말하는 사람 중 대부분은 아이디어와 에너지의 원천을 성령이 아닌 자신에게서 찾는다. 나는 예술가가 성령의 감동을 구하면 하나님의 숨결이 그의 내면을 흔들고 무엇을 어떻게 해야 할지 알려 주실 것이라고 생각한다. 물론 마감일에 대한 압박감, 실패에 대한 두려움, 신체적 혹은 정신적인 탈진 등 우리의 인간적인 면들이 성령의 감동을 받는 데 걸림돌일 수 있다. 하지만 야고보의 말을 새겨보아야 한다. "내 형제들아 너희가 여러 가지 시험을 당하거든 온전히 기쁘게 여기라 이는 너희 믿음의 시련이 인내를 만들어 내는 줄 너희가 앎이라 인내를 온전히 이루라 이는 너희로 온전하고 구비하여 조금도 부족함이 없게 하려 함이라"(약 1:2-4). 감정이 메말랐을 때는 먼저 성령의 감동을 구하는 법을 배워야 한다. 그리고 나서 'elpizo' 즉, 확신에 찬 기대를 안고 기다리면, 신실하신 하나님은 '그의 때'에 '그가 예비하신 것'을 주시며, 그 기다림을 갚아 주실 것이다. "하나님이 자신을 드러내시며 그가 우리에게 감동을 주실 때 그것은, '나는 영원하며, 내 영도 영원하다. 내 영이 네 안에 있으면 네 행사가 영원할 것이다.'라는 말씀이다."[3] 당신은 이 말씀을 들었을 때 가뭄을 견뎌 낼 힘이 솟아오르지 않는가?

연습문제 3: '영감이 반짝 떠오를' 때

당신은 창조적인 아이디어를 어디서 얻는가? 당신에게 아이디어가 떠오르게 할, 꼭 맞는 조건을 주는 특별한 장소나 특별한 활동이 있는가? 잠을 자거나 자동차에 있을 때 아이디어가 떠오르는가? 아니면 걷거나 샤워를 할 때? '반짝 떠오르는' 영감을 받는 때를 예술가 노트에 적어라. 구체적으로 그런 경우가 생각나지 않는다면, 그와 비슷한 경험을 이끌 수 있을 것 같은 시간과 장소 혹은 조건들에 관해 써 보라.

창조를 위한 용기

4장을 통해 우리는 '격려'라는 행위가 누군가의 '마음을 따뜻하게' 하거나 '용기를 주는' 것임을 알게 되었다. 사람들의 격려가 우리 노력에 생명(마음)을 주듯, 감동은 우리 예술에 목적의식을 주고 방향(숨)을 불어넣어 준다. 이번 주에는 두 가지를 집중적으로 훈련해 보기를 권한다.

1. 집중하기
2. 하나님이 당신에게 보내는 영감을 들이마실 시간 만들기

창조라는 행위에는 용기가 필요하다. 또한 우리가 좀 더 창조적인 존재가 되기 위해서는 격려가 필요하다. 스스로를 예술가, 배우, 화가, 가수, 조각가, 사진사 혹은 작가라는 이름으로 자칭하며 그저 취미로 하는 것이 아니라고 (설사 지금은 그렇더라도!) 생각한다면, 모든 삶이 우리에게는 창조를 자극하는 촉매제라는 것을 알게 된다. 나는 내 자신을 작가라고 부르기 시작하면서 내 주변의 모든 사물이 창작의 소재가 된다는 것을 알게 되었다. 그러나 실제로 나 자신을 작가로 부르는 데는 큰

용기가 필요했다.

당신도 나와 비슷하지 않은가? 정식으로 누군가에게 인정받지 못했는데 자신을 예술가로 자칭하는 것이 부끄럽게 느껴지지 않는가? 이런 주저함은 당연한 것이지만 우리가 극복해야 할 감정이기도 하다. 그러나 일단 그렇게 하고 나면 예술가적 사고를 시작할 수 있게 된다. 또한 예술가의 방식대로 주의를 집중할 수 있다.

앤 라모트(Anne Lamott)는 '기독교 작가'라는 말보다 '그리스도인 작가'라는 호칭을 좋아한다. "정신 집중에는 희열이 있다. 당신은 워즈워스(Wordsworthian)와 같이 열린 세상으로 들어갈 수 있다. 그 세상에서는 모든 피조물에 하나님이 편재하신다는 증표로서의 신성의 본질이 되는 모든 것과, 그리고 내적이고 보이지 않는 은혜에 대한 외면적이며 가시적인 증표로서의 모든 것을 보게 된다."[4]

하나님이 우리에게 주시는 영감을 받아들이고 숨쉬기 위해 우리는 주변 세상에 주의를 기울여야 한다. 어떤 예술가들은 이를 '우물 채우기' 혹은 '연못 채우기'라고 표현하기도 한다. 나탈리 골드버그(Natalie Goldberg)는 경험을 축적하여 비옥한 옥토에서 잘 익게 놔두었다가 예술이 그 속에서 꽃 피도록 한다는 의미에서 '퇴비 만들기'라고 부른다. 그 과정을 무엇이라고 부르건 그것은 연습을 통해 탄생하는 생명으로의 접근법이다. 그 연습은 시간을 필요로 하며, 어디에서나 익숙하게 할 수 있어야 한다. 마샬 쿡(Marshall Cook)의 말을 들어보자. 그것은 "감각을 날카롭게 하는 건강한 식이요법이다. 우리 주변 세상을 흡수하여 경이감 섞인 어린이의 눈으로 새롭게 세상을 보는 법을 배워야 한다. 그렇게 하지 못한다면 우리가 표현하려고 하는 것이 다른 사람들이 흔히 쓰는 일개 낱말의 조합에 머무르고 말 것이다."[5]

숨쉬기 운동

당신은 감각을 자극하고 당신 안에 있는 예술가를 키우기 위해 매주 무엇인가에 시간을 들이고 있는가? 당신은 주변 세상을 흡수하는 연습을 하고 있는가? 우리들은 대부분 그렇게 하지 못한다. 분주한 삶은 영화, 연극 그리고 미술 전시회, 도서관(그저 서가 사이를 돌아보는 정도라 하더라도), 공원, 해변 혹은 에너지를 공급받고 감동을 받기 위한 어떤 곳으로 갈 여유를 찾지 못하게 한다. 줄리아 카메론(Julia Cameron)은 이런 시간을 '예술가의 데이트'6라고 부르지만, 나는 '숨쉬기 운동'이라고 부른다.

내가 좋아하는 숨쉬기 운동은 세상에서 제일 많은 스테인드글라스 창과 루이스 컴포트 티파니의 아름다운 소장품들을 모아 놓은 내 고향의 작은 미술 박물관을 방문하는 것이다. 창문의 시각적인 아름다움과 박물관의 정결한 고요, 박물관 내에 재건축된 예배당의 성스러운 느낌은 내 영을 먹이고 나를 일으켜 세운다. 나는 힘을 새롭게 얻고 고무되어 그곳을 떠날 수 있다.

창조적 자아를 키우기 위해 당신이 찾는 곳은 어디인가? 마지막으로 그곳에 갔던 때는 언제였는가?

연습과제 4: "만약 … 하기만 한다면 … 할 텐데."

당신이 원하는 만큼 다음 빈칸을 채우라.(공간이 더 필요하면 당신의 예술가 노트를 사용해도 좋다.)

"시간과 돈의 문제가 아니라면, 나는 … 에 가고 싶다."

____

____

"시간과 돈의 문제가 아니라면, 나는 … 을 사고 싶다."

____

____

"시간과 돈의 문제가 아니라면, 나는 … 하는 방법을 배우고 싶다."

____

____

"시간과 돈이 문제가 아니라면, 나는 스스로에게 … 을 선물하고 싶다."

____

____

"시간과 돈이 문제가 아니라면, 나는 내가 사랑하는 … 에게 … 을 주고 싶다."

____

____

당신이 방금 작성한 목록은 당신의 예술적 자아에게 창조를 위한 원재료를 공급하기 위해 가야 할 곳과 해야 할 일들이다. 이러한 노력은 당신이 긍정적인 사고를 하도록 도와줄 것이다. 우리는 우리가 하고 싶은 일들에 관해 잠깐 멈추어 생각해 보면 시간과 돈이 우리가 처음 생각했던 것만큼 큰 장애는 아니란 것을 깨닫는다. 당신은 한 가지의 숨쉬기 운동을 하기 위해 한 시간 정도를 투자해야 한다. 만약 그룹으로 활동하고 있다면, 그 구성원들에게 당신의 경험에 관해 얘기할 수 있도록 하라. 당신이 어떻게 느꼈는지, 당신의 계획대로 행하려 할 때 어떤 내적·외적 저항이 있었는지에 말해 보라. 그룹이든 혼자이든 당신의 예술가 노트에 당신의 경험을 도중에, (나는 숨쉬기 운동을 하러 갈 때마다 내 노트를 가져간다.) 혹은 후에 적어라.

죄의식 없이 편히 숨쉬는 여행

사람들은 대부분 '편히 숨쉬기' 위해 배우자, 자녀 혹은 친구를 떠나 혼자 있는 것에 대해 죄의식을 느낀다. 나는 누군가에게 배우자와 함께 여행을 가는 것도 어려운데 혼자 여행을 어떻게 가겠느냐는 말을 들은 적이 있다. 때로 혼자 있기를 고집하는 것은 자아도취처럼 보일 수 있다. 어떤 사람들은 혼자서 어디 가는 것에 별로 재미를 느끼지 못한다. 뭔가 특별한 것을 보고, 듣고, 느끼고, 맛보고, 향기를 맡고, 경험했는데 그것에 대해 함께 나눌 사람이 없다면 너무 안타깝다는 것이다. 그러나 나는 이러한 생각에 동의하지 않는다. 그 비범한 경험(감동)은 나눔으로써 약화될 수 있기 때문이다.

비록 어떤 이는 계획을 실행하기 전에 먼저 다른 사람과 의논해야 한다고 말한다. 그러나 어떤 느낌이 들었을 때 바로 실행하지 않고 누군가에게 이야기하게 되면, 그 사이에 창조력이 발휘될 수 있는 시기를 놓칠 수 있다. 우리가 경험한 어떤 자극이나 받은 아이디어의 결과로 뭔가 예술적인 것을 창조할 수 있는 에너지는 다른 사람에게 말하는 순간 약화한다. "말은 행동의 열정에 찬 입김을 불어넣는 것이다."라고 말했던 맥베스(Macbeth)는 자신이 궁구하고 있던 일에 대해 다른 사람에게 말하지 않고 바로 실행으로 옮겼다. 자신의 열망이 식어 버리기 전에 행동하려 했던 것이다. 셰익스피어는 우리의 계획을 행하기 전에 먼저 말하는 것은 결행하기 전에 '찬 입김'을 불어넣는 일임을 알고 있었다.

그렇다고 세상으로부터 자신을 격리해야 한다는 말은 아니다.(적어도 항상 그럴 필요는 없다!) 다른 사람과 교류함으로써 얻을 수 있는 에너지가 있는 것도 분명하다. 성령은 종종 우리에게 가까운 사람을 통해 말하기도 한다. 예술가의 삶에는 소그룹, 교실 내의 학습, 절친한 우정에 대한 실제적 자리가 존재한다.

나는 너를 애굽 땅에서 인도하여 낸 여호와 네 하나님이니 네 입을 크게 열라 내가 채우리라 하였으나(시 81:10).

내가 여기서 제안하는 것은 당신의 예술적 에너지를 충전할 수 있는 당신 자신만의 작업이나 약속을 하라는 것이다. 일주일에 단 한 시간이라도 말이다. 이것은 숨쉬기 운동에 관련한 것이다. 즉 하나님이 당신이 받아들이기를 원하시는 것을 흡수하기 위해 혼자만의 시간을 갖는 것이다. 만약 당신 안의 예술가에게 이런 질적인 시간을 제공한다면, 사랑하는 사람들과 함께 있을 때 그들에게 더 많은 사랑을 나누어 줄 수 있다.

혹 당신이 한부모 가정이거나 단 일 분의 시간의 여유(혹은 단 일 달러도)도 없다고 느낀다면, 일주일에 한 시간 정도도 사치로 보일지 모르겠다. 하지만 당신이 정말 예술가가 되고 싶다면 어떻게든 방법을 찾아야 한다. 예를 들어 집에서 아이를 키우는 부모라면 다른 부모와 서로 교대하여 아이를 돌볼 수 있다. 그러면 무료입장이 가능한 미술관, 전시회 혹은 강의를 들으러 갈 수 있다. 일단 숨쉬기 운동을 하기 위한 시간을 찾는 데 집중하면, 당신은 그 시간을 더 많이 확보할 수 있다. 매주 한 시간도 시간을 낼 수 없다면, 그것은 충분히 노력하지 않았거나 정말 예술적으로 새로운 것을 창조할 시간이 전혀 없는 사람이다. 하지만 아직은 포기하지 마라. 7상에서는 당신의 예술을 위해 시간을 내는 방법을 다룰 것이다. 숨쉬기 운동을 매주 우선순위에 놓을 수 있다면, 당신은 그 장에서 두 가지 좋은 아이디어를 얻을 수 있다.

하지만 당신이 떼어낸 그 시간 동안에 명심할 중요한 것은 작품을 만들 소재를 통해 숨쉬기를 해야 한다는 것이다. 사람은 자신이 좋아하는 것을 할 때에만 창조적일 수 있다.

이 장의 마지막 연습과제로 당신이 좋아하는 일의 목록을 만들어 보라.(예를 들어 사람들, 장소, 음식, 색깔, 계절, 휴일, 동물, 좋아하는 일, 장면, 소리, 냄새, 맛 등.)

____

____

____

____

____

다음에는 잡지, 사진첩, 취미로 모아 놓은 수집품들을 살펴보라. 마커나 크레파스, 물감, 반짝이, 한 짝만 있는 귀걸이, 단추, 스티커, 무엇이든 가지고 있는 것을 꺼내어 포스터용지나 보드에 당신이 좋아하는 것을 나타내는 혼합재료 작품을 만들어 보라. 그것을 당신의 작업실에 걸어 두라. 숨쉬기 운동을 하러 어디로 가야 할지에 대해 아이디어가 필요할 때마다 그 포스터를 바라보라.

나쁜 공기는 뱉어 내고, 좋은 공기는 들이마시라

'숨쉬기 운동'이란 우리의 감각을 자극하고 우리의 마음을 성령이 주시는 감동으로 열리게 하는 모든 것이라고 정의할 수 있다. 셰익스피어의 "폭풍우"(The Tempest)에 나오는 "꿈들이 만들어 낸 존재"에 들어가는 또 다른 방법은 자신이 창작하고 싶은 것이 무엇인지를 구체적으로 아는 것이다. 그러기 위해서는 당신이 선택한 그 장르에 자신을 침잠시켜야 한다. 만약 시를 쓰고 싶다면 가능한 모든 종류의 시를 읽어라. 만약 춤을 추고 싶다면 모든 리허설에 가서 관찰하고 본 것을 적어라. 그리고 지각되는 인상을 내 안에 흡수하라. 만약 당신이 그림을 그리고 싶다면 갤러리에 가서 당신이 작업하고 있는 그림과 같은 종류의 책들을 찾아보거나 화원을 찾아가도록 하라. 내 친구 재키는 "집중해야 확장된다"라는 문구를 새긴 액자를 사무실 벽에 걸어놓았다. 당신이 성령으로부터 받기 원하는 것을 정확하게 집어냄으로써 당신은 좀 더 그것을 쉽게 받을 수 있으며 실제로 그것이 왔을 때 알아차리기가 쉽다. 당신의 목표를 써서 그것을 지니고 다니라. 그리고 당신의 무의식이 지시하는 것을 하루 내내 상기하라. 그런 다음 당신이 필요로 하는 그 감흥을 하나님께서 채워 주시도록 구하라.

들이마신 것을 적어 두라

작가이자 창의력 교사인 마샬 쿡은 학생들에게 어떤 영감이나 통찰력이 떠오르면 그것을 너무 다듬으려 하지 말고 그대로 적어두라고 지도한다. 밤에 꿈을 꾼다면 일어나자마자 그것을 적어두는 것이다. 쿡은 이렇게 말한다. 때로는 그것이 쓰레기로 보이기도 하지만 "나는 가끔은 뮤즈의 여신에게서 귀한 선물을 받기도 한다. 그 선물은 마구 휘갈긴 노력에 값하는 것이다."[7] 당신은 이제부터 자신을 예술가라고 생각하면서 예술가의 습관을 길러야 할 것이다. 언제나 노트나 스케치북을 지니고 다니라. 당신이 느끼고 성험한 것을 언제나 적어 두는 습관을 길러라.

작가이며 뉴스 평론가인 얼 나이팅게일(Earl Nightingale)은 "아이디어는 미끄러워서 달아나기 쉽다. 침대 옆에 펜과 종이를 언제나 놓아두고 그놈들이 도망가기 전에 자다가도 끼적거릴 수 있도록 하라."라고 말한다. 자신을 예술가라고 생각하는 것이 편해지면 당신은 어느 곳에 가더라도 노트, 스케치북 혹은 녹음기를 가지고 다니게 될 것이다. 언제 성령이 기억할 만한 메시지를 전해 주실지 우리는 알 수 없다.

하나님은 우리가 그분께 좋은 것을 달라고 요구하기를 원하시지만, 구체적으로 원하고 필요로 하는 것을 달라고 기도하길 더 바라신다. 만약 순수한 기대를 가지고 성령의 감동을 받을 준비와 훈련을 하고, 그 감동이 왔을 때 깨어 있어 놓치지 않는다면, 그리고 바쁜 생활 속에서 창조력을 기르는 감각 소재를 받아들일 수 있다면, 우리는 하나님이 창조하신 예술가가 되는 길을 제대로 걷게 될 것이다.

소망의 하나님이 모든 기쁨과 평강을 믿음 안에서 너희에게 충만하게 하사 성령의 능력으로 소망이 넘치게 하시기를 원하노라(롬 15:13).

Chapter 06
숨을 내어 뱉어라

너의 행사를 여호와께 맡기라 그리하면 네가 경영하는 것이 이루어지리라 (잠 16:3).

지금쯤이면 당신은 예술가 노트에 무엇인가를 적는 습관이 생겼을 것이다.(아니면 적어도 노트에 적겠다는 생각이라도.) 우리는 5장까지 읽어오면서 인생에서 우리를 좌절하도록 만든 사람들을 용서했고, 숨쉬기 운동을 시작함으로써 성령의 감동을 받아들일 준비를 했다. 그러나 창조 과정에 속한 생산기에 접어들기 시작하면 세상의 모든 것이 우리를 방해한다. 가령 배우자가 일터에서 힘든 일을 겪으면 들어주어야 하고, 아이가 아프면 돌봐주어야 하며, 아이의 학교 숙제를 도와줘야 하기도 한다. 컴퓨터 프로그램을 새로 다운로드 받으려고 하면 컴퓨터가 말썽을 일으키기도 하고, 직장에서 새 일을 맡게 되거나 자녀의 학교 혹은 부모님을 위해 책임을 감당할 일이 생기기도 한다. 이러한 모든 것이 약간의 여유 시간이라고 여겼던 그 시간을 모두 앗아가 버린다. 도대체 어찌된 일인가? 우주만물이 당신이 하려는 것을 방해하려고 공모라도 했단 말인가? 혹은 그것이 우주적인 사건이 아니라면 날기를 두려워하는 당신의 마음은 아닌가?

아무리 준비를 많이 한다고 해도 창조적인 작업을 시작하려는 순간에 우리를 얼어붙게 만드는 그 두려움에서 완전히 풀려날 수는 없다. '여유시간에 하고 싶은 일들'의 목록에 가장 먼저 있는 것들, 즉 하얀 종이를 마주하거나 텅 빈 캔버스를 앞에 두거나, 깜박거리는 컴퓨터의 커서를 보거나 새로운 악보 용지를 마주하면 글 쓰기란 거의 난공불락처럼 여겨진다. 나 또한 거의 언제나 시작하는 것이 두려워 숨이 멎을 것 같던 경험이 있다. 사실, 나는 이 장을 시작하기가 두려워 몇 주 동안이나 미루고 있기도 했다. 뭔가 창조적인 일을 시작하려고 한다는 사실 자체가 그 창조적인 일을 시작하지 못하게 할 때가 있다. 인터넷을 뒤지느라 몇 시간을 보내고, 앞의 장을 새로 써 보고, 출판사에게 보낼 것을 다듬으면서 실제로 써야 할 것들의 시작을 미루는 것이다. 그러나 내가 해야 할 것은 기실 숨을 참고 있는 것이 아니라 실제로 쓰기 시작하는 것, 즉 숨을 내뱉는 것이었다.

일단 나는 회피 작전을 그만두고 자판을 두들겼는데 그때부터 여러 낱말이 흘러나오면서 영감이 오기 시작했다. 이 상황에서 나는 무엇을 써야 할지 정확히 알려고 고민하기보다 일단 먼저 쓰는 행위를 시작해야 했다. 나는 창조의 행위는 작품에 종노릇함으로써 가능함을 알게 되었다.

작품에 복종하라

예술 행위를 하기 위해서(하나님이 우리에게 주신 그 재능을 통해 숨을 내쉬기 위해) 우리는 반드시 그 작품의 종이 되어야 한다. 매들린 랭글은 이런 생각을 다음과 같이 대담하게 표현했다. "예술가는 자신의 작품에 순종해야 한다. 각 예술 작품은 그것이 위대한 천재가의 작품이든 혹은 아주 보잘것없는 작품이든 예술가에게로 와, '내가 여기 있습니다. 나를 태어나게 해 주세요.'라고 한다. 그 작가는, '내 영혼이 주님을 찬양합니다.'라고 하며 기꺼이 그 작품의 잉태자가 되든지 아니면 이를

창조적 소명

거부할 것이다."[1] 하나님은 우리가 그의 손에 놓여서 이렇게 말하기를 원하신다. "하나님, 나를 당신의 종으로 삼아 주십시오. 어떻게 하면 이 작품이 탄생할 수 있을지 가르쳐 주소서."

우리가 작품의 종이 될 때 창조력이 우리를 타고 흐를 수 있는 준비 자세를 갖추게 된다. 우리는 작품 활동을 할 때 어떤 것을 할 만한 기분이 생기거나 혹은 감흥이 느껴지거나, 그 일에 흥분되어 힘이 생길 때까지 기다리지 않는다. 우리는 돈을 받고 일을 하는 것처럼 지금 당장 해야 하는 작품에 최선을 다하기로 마음먹는다. 우리는 생각이나 에너지로 고취되거나 그렇지 못할 때에도 이젤이나, 빈 캔버스, 피아노, 컴퓨터, 스튜디오에 앉아 작품 활동을 한다. 재스퍼 존스(Jasper Johns)는 "그건 간단해요. 그저 뭔가를 잡아서 하면 돼요. 그리고 그것을 반복해서 하면 돼요. 계속 이렇게 하다 보면 곧 당신은 뭔가 이룩하게 될 겁니다."라고 말한다. 여기서 통용되는 말이 바로 '하다'이다. 우리는 창조적인 일을 하기 위해 시간을 만들고, 창조의 펌프질을 위해 운동을 하고, 집중하고, 영감이 올 때를 준비함으로써 예술 작품을 창조할 수 있다. 우리는 '숨을 내쉬고' 뭔가를 만들기 시작한다.

연습과제 1: 예술 작품을 위한 시간 계획

이번 장은 예술가가 작품에 복종하는 방법에 관한 것이다. 그러기 위해서 당신은 매일 혹은 일주일에 세 번, 초보자라면 일주일에 한 번이라도 예술 활동을 위한 시간을 따로 만들어야 한다. 그래서 그 시간이 작품 활동을 하기에 합당하고 도움이 되도록 해야 한다. 당신이 좋아하는 TV 프로그램을 보거나 운동을 하듯 이 시간을 예술 활동을 위해 비워 두어야 한다.

일단 정해진 시간에 일하는 습관이 생기면, 그 시간은 점차 늘려나갈 수 있다. 이 습관을 기르기 위한 당신의 노력에 하나님의 축복이 있도록 기도하고, 이 주간에 그 계획을 잘 지키고 있는지 예술가 노트에 기록하라.

> 나는 내 작품을 위해 매일 ______에서 ______부터 ______까지 일할 것이다.
>
> (서명) ____________   (날짜) ____________

작가이자 화가인 나탈리 골드버그(Natalie Goldberg)는 자신의 책 『담대한 정신: 작가의 삶을 사는 방법』(*Wild Mind: Living the Writer's Life*)에서 이렇게 말한다. "'글을 쓰고는 싶지만, 애가 다섯에 직장이 있어서…'라고 말하는 분들에게 나는 이렇게 말합니다. '변명을 할 수가 없어요. 글을 쓰고 싶다면 그냥 쓰세요. 당신의 인생 아닙니까? 당신이 책임져야지요. 영원히 살 수는 없지 않겠어요? 시간은 기다려주지 않습니다. 지금 당장 일주일에 단 십 분이라도 시간을 내세요.'"[2] 예술가 노트에 글을 쓰는 습관은 자신과 예술을 위해 당신이 시간을 낼 수 있음을 증명해 준다.

> 하나님을 모시거나 모시지 않는 것은 내 능력 안에 있다. 하나님을 모시면 나는 내 자신과 세상 전체에 선을 보태는 것이며, 그를 모시지 않는다면 나는 나의 선을 빼앗고 내 능력으로 창조할 수 있는 세상의 선을 박탈하는 것이다.
>
> _레오 톨스토이(Leo Tolstoy)

다음 장에서는 정해진 작품 활동 시간을 어떻게 만들고 지켜 나갈 수 있을지 좀 더 구체적으로 살펴볼 것이다. 이번 장에서는 하나님의 창조적 에너지가 우리를 타고 나오도록 할 도구들, 찰흙, 펜과 종이, 플루트, 도화지, 카메라 혹은 정원손질용 장갑 등 무엇이든 필요한 것을 꺼내는 연습을 해 보자. 자신을 준비시키고, 우리를 타고 흐르기 시작한 것에 집중할 것이다. 그저, "좋아요. 한번 해 보죠."라는 미심쩍은 대답으로는 안 된다. "제국의 역습"(The Empire Strikes Back)이라는 영화에서 요다(Yoda)가 루크 스카이워커(Luke Skywalker)에게 한 말을 기억해 보라. "노력이라고? 그런 건 없어. 하면 하고 말면 마는 거야." 우리도 그렇게 해 보자.

어린이를 모델 삼아라

사람들은 대부분 '환자의 내면에 존재한 아이에게 다가간다'는 심리치료적 개념에 대해 들어본 적 있을 것이다. 심리학자와 창조성 전문가는 우리가 어린 시절에 지녔던 자유분방하고 창의적인 모습을 왜 잃어버렸는지(다시 말해 우리의 예술적 표현을 쏟아 내는 것을 왜 그만두었는지) 그 이유를 발견하기 위해 과거를 되돌아보아야 한다고 말한다.

과거에 극적이거나 비극적인 일을 크게 겪지 않았어도 성인이 되면서 건강한 어른의 표본이 되었던 주변 어른들로 인해 창조력이 발전하지 못했을 수 있다. 우리가 자라면서 본 어른들은 돈을 벌고 가정을 가꾸며 다른 사람들을 돌보는 등 자신이 해야 할 책임을 다했다.

그러나 의도하지 않았지만 그 어른들은 자신의 예술적 자아를 위해서 시간을 보내지 못했다. 따라서 그 자녀들도 마찬가지로 예술적 자아를 위해 시간을 보내는 방법을 경험하지 못했다. 어른답게 의무와 책임을 다하려면 신기하고 창조성을 기르는 일 따위는 하지 말아야 한다는 것을 배우게 된 것이다. 그러나 만약 어른들이 내면의 예술가를 양육하기 위해 노력하며 살아왔다면, 그 자녀들도 어른이 되는 것이 신기하고 상상력 넘치는 일 그리고 창조의 필요성을 포기하는 일이 아님을 믿으며 성장할 것이다.

만약 당신이 창조주를 행동의 표본으로 삼는다면, 하루의 단 일 분이라도 헛되이 보내지 않을 것이다. 그의 손으로 만들어진 작품을 돌아보라. 그가 창조하신 자연은 끊임없이 재창조된다. 그는 창조력을 작품 속에 넣어 영원한 생명을 만들어 내고 계신다. 그는 우리가 창조자가 되기를 원하시지만 우리에게 강제하시지는 않는다. 예술가가 되기 위한 '일'이 때로는 다른 일을 간과할 수 있을 만큼 중요하다는 믿음을 우리는 지녀야 한다. 기만의 대가인 사탄은 예술가가 되기 위한 시간을 갖는 것은 이기적이며 죄스러운 것이라고 생각하도록 우리를 설득한다. 그는 때로 우리의 창작 시간을 훔치기 위해 다른 사람들의 필요에 민감하도록 우리의 감수성을 이용한다. 사탄은 우리가 창조주와 멋진 동반 관계를 맺는 것을 방해하기 위해 무슨 일이라도 할 것이다. 그의 꾀에 넘어가지 말라. 성령의 이끌림에 의한 예술 활동은 하나님의 일을 하는 것이다.

시작하기가 왜 그렇게 어려운가?

우리 중 많은 이는 자신의 예술 활동을 일과 중에 가장 중요하지 않은 항목으로 취급한다. 우리는 어릴 때부터 우리가 '하고 싶은 일'을 하기 위해서는 '꼭 해야 할 일'을 끝내야만 한다는 것을 배웠다. 우리의 잠재의식에는 글쓰기나 그림그리기 혹은 음악연주 등 우리의 재능이 재촉하는 일은 일종의 유희로, '진짜' 일을 마친 후에 해야 한다는 생각이 있다. 그렇기 때문에 많은 사람이 예술을 진지하게 대하지 못한다. 우리는 작품을 이루기보다는 '일을 이루려는' 경향이 있다. 하나님은 우리에게 재능을 주실 때 그것을 개발하고자 하는 갈망을 주시고, 그렇게 하는 것이 보람되며 즐거운 일이라는 것을 알려 주셨다. 우리가 예술 활동을 즐긴다는 말이 '예술 활동은 의미 있는 일이 아니다'라는 뜻은 아니다.

예술 활동에 대해 즐거움과 만족감을 느끼는 이유는 우리가 창조적 존재가 될 때 좀 더 완전해짐을 느끼기 때문이다. 우리는 어떤 일을 할 때 기분이 좋으면 그 일을 하고 싶어진다. 작품에 들어가는 노력도 충족감과 즐거움으로 할 수 있다. 우리는 예술적 자아의 활동이 적어도 집안일, 잔디 깎기, 자녀 돌보기, 직장 일을 하는 자아만큼이나 중요하다고 믿어야 한다. 예술적 자아가 꽃 피고 자라나도록 함으로써 우리는 타인들을 돌보고 양육하는 부분과 함께 다른 자아들이 힘을 얻도록 할 수 있다. 비록 내 시간의 상당 부분을 가져가는 데 익숙하던 이들은 나만을 위한 시간이란 생각에 저항할지 모른다. 하지만 궁극적으로 그들은 당신이 자신의 예술성을 이루어 가면서 주게 될, 적지만 질 높은 시간을 얻게 될 것이다. 더 행복하고 평안하며 만족해하는 나 자신에게서 유익을 얻는 주변 사람들은 점차 늘어날 것이다.

우리는 싫어하는 일을 먼저 마쳐야 그 보상으로 뭔가 좋아하는 일을 할 수 있다는 관념에서 벗어나야 한다.(내가 해야 할 모든 집안일과 당장 눈에 보이는 사소한 일들을 다 마치려 한다면 이 장을 절대 쓸 수 없을 것이다!) 당신이 솔직해진다면 글, 그림, 노래, 연극, 작곡 등과 같이 연습을 많이 필요로 하는 모든 활동이 항상 '재미'있지 않다는 것을 알 것이다. 친구들과 함께 놀기 전에 피아노 연습을 해야만 하는 어린이들에게 물어 보라. 우리 내면에 있는 어린이는 예술 활동이 보람된 일이긴 하지만 여전히 일이라는 것을 안다.

우리가 예술을 진짜 '일'이 아닌 뭔가 다른 것으로 보는 하나의 이유는 과정보다는 결과를 중요시하는 성향 때문이다. 만약 우리가 생활비를 벌기 위해 벽화를 그린다면 그것에 쏟은 노력과 시간을 정당화할 수 있다. 그러나 뭔가 아름다운 것을 창조하는 순전한 기쁨을 느끼기 위해 수채화를 그린다면, 우리는 그것을 가치가 덜 한 일로 본다. 예술이 가치 있기 위해서는 시장성이 있어야 한다는 생각을 넘어서야 한다.

두려움과 맞서라

정기적으로 숨을 내쉬기 위해서는 실패에 대한 두려움도 극복해야 한다. 예술가가 되지 못하는 이유 중 한 가지는 실패자로 남기 싫어하는 습성 때문이다. 이는 자기방어와 안전지향의 욕구이다. 당신의 재능이 무엇이든지 거부당하기를 피하려 한다면 거부될 어떤 것도 생산하지 못한다. 나는 매일 글을 쓰거나 피아노를 연주하지 않으려는 내 자신과 투쟁한다. 그리고 내가 이 활동들을 거부하는 이유도 두려움 때문이라는 것을 잘 알고 있다. 나는 책이나 시를 쓰거나 혹은 작곡하는 것을 마치고 그것을 세상에 내놓게 되면 다른 사람들의 평가가 어떨지 두렵다. '아무도 내 작품을 좋아하지 않으면 어쩌지? 출판도 하지 못하면 어쩌지? 다른 사람들 앞에서 연주를 엉망으로 해 버리면 어쩌지?' 하는 염려가 생기는 것이다.

그러나 과거에 나를 짓누르던 두려움에서 배운 것은 '내가 두렵다는 사실을 인정하면 그 공포의 위세를 이길 수 있다'는 점이다. 친구인 목사 존(John)은 내가 첫 책을 쓰고 있을 때 이런 현자다운 충고를 해 주었다. "책은 꼭 출판하기 위해 쓰는 것이 아니지요. 그건 당신에 관한 것이며 하나님이 당신의 삶에서 이루고자 하시는 것에 관한 것이랍니다." 프랭키 쉐퍼(Franky Schaeffer)는 『창조성의 회복』(*Addicted to Mediocrity: 20th Century Christians and the Arts*)에서 이렇게 말한다. "창조적인 사람에게 중요한 것은 창조하는 일임을 기억하라. 당신이 만든 것을 누가 보고 그것이 어디로 가며 어떤 일을 하는지는 부차적 조건이다. 먼저 할 일은 하나님이 주신 재능을 사용하는 것이다."[3]

연습과제 2: 당신이 두려워하는 것은 무엇인가?

당신에게 해당되는 두려움의 번호에 동그라미를 치시오.

1. 내가 예술 활동에 시간을 보내면 가족의 삶과 사회적 생활이 어려워질 것이라는 두려움

---

2. 창작을 위한 시간을 정하고 그 시간을 지키려는 노력이 다른 사람들에게는 자기도취로 비칠 것이라는 두려움

____

____

3. 내가 '좋은' 작품을 만들 수 있다는 생각은 자만이라는 두려움

____

____

4. 자칭 예술가가 될 것에 대한 두려움

____

____

5. '예술 따위를 하느라' 너무 바빠 친구들과 함께 할 여유가 없어 외톨이가 될 것이라는 두려움

____

____

6. 출판, 전시회 혹은 판매에서 거절당할 것이라는 두려움

____

____

7. '책임 있는' 일에 써야 할 시간과 돈을 예술 행위에 쓴다는 두려움

____

____

8. 재능이 충분치 못하다는 두려움

____

____

9. 무책임한 사람이라는 비난을 받을 것에 대한 두려움

10. 내가 존경하는 사람이 내 작품을 좋아하지 않을 것이라는 두려움

11. 다 마치지 못하고 중단하는 자신의 성향에 대한 두려움

12. 바쁜 생활 중에 다른 스트레스를 하나 더 덧붙이는 것뿐이라는 두려움

이 과제를 통해 당신이 겪은 다른 종류의 두려움을 발견했을 것이다. 그것들을 예술가 노트에 적어라. 그러나 지금은 이 두려움의 문장들에 각각 긍정적인 문구를 작성해 보라. 예를 들어 1번이라면, "내가 예술 행위에 집중하여 좀 더 완전한 사람이 된다면 가족 관계나 우정이 강해질 것이다."이라고 쓴다. 당신이 가장 좋아하는 확신이 담긴 문장을 당신의 작업실에 붙여 놓으라. 그룹이라면 당신의 그룹 구성원들과 가장 도움이 되는 문장을 나누어 보라.

실패나 사소한 것 때문에 시작하는 것이 두려워질 때마다 우리는 기도로 그 주저의 순간을 극복해야 한다. 그러고 나서 예술 행위를 하도록 앞으로 나아가게 하는 무엇인가를 계속 해야 한다. 음악인이라면 어릴 때 배웠던 간단한 곡을 연주하거나 스케일이나 아르페지오로 준비 운동을 할 수 있다. 시각 예술가라면 밖으로 나가 간단한 스케치를 하거나 종잇조각으로 간단한 콜라주를 만들어 볼 수 있다.

창조적 소명

예술성 있는 정원사라면 정원으로 나가, "이 화단을 있는 그대로 두진 않겠어. 이 피튜니아(petunias)는 전부 걷어 내야겠어."라고 결심할 수 있다. 당신은 내가 무슨 말을 하는지 이해할 것이다. 우리가 작품의 종이라는 마음으로 예술을 한다면 그 작품의 성공 여부에 상관없이, 하나님이 예술을 통해 우리 속에서 하시려는 것을 깨달을 수 있다. 프랭키 쉐퍼는 예술가를 하나의 직업으로 보는 것에 변명의 여지를 두지 않는다. "생산하고, 생산하며, 생산하라! 창조하고, 창조하며, 창조하라! 일하고, 일하며, 일하라! 그것이 바로 예술을 하는 그리스도인들이 마땅히 해야 할 바이다. 만약 우리가 하나님이 주신 재능을 사용하려면 그것을 통해 찬양을 드리고 즐기며, 우리가 살고 있는 시대에서 열매를 맺으라."[4]

연습과제 3은 새로운 예술가의 인생으로 생산적인 시기를 맞이하겠다는 진지한 뜻을 가진 당신에게 도움이 될 것이다.

공간 감각

주어진 재능을 '내쉬는 것'에 진지하다면, 작품 활동을 하기 위한 구체적인 장소가 필요하다. 그런 장소는 예술가들만큼이나 다양하다. 나는 작품 활동을 하는 시간에 혼자 초의 향을 맡으며 켈트 음악이나 고전 음악을 틀어 놓는다. 그리고 손이 닿는 곳에 차 한 잔을 가져다 놓는다. 그러면 마음이 편안해진다. 글을 쓰는 동안에는 아무리 사소한 질문이라 하더라도 (남은 파스타 있어요? 등) 집중을 방해한다는 것을 깨달았다. 특히 전화받는 것은 질색인데, 나는 하나님이 자동응답기를 발명하게 하신 이유가 여기에 있다고 생각한다.

우리 집에는 내 방이 따로 있다. 이는 물론 큰 행운이다. 나는 그곳에 오랫동안 글을 쓰기에 적합한 중고 오크 책상을 갖다 놓았다. 그리고 부엌에서 쓰던 싱크대를 내 컴퓨터 책상으로 바꾸어 놓았다. 서랍 12개가 달린 오래된 캐비닛은 필기도구를 넣어 두는 데 쓴다. 나무로 된 파일 캐비닛이 2개, 커다란 책장 하나 그리고 편안한 사무용 의자(이 또한 중고를 구입한 것이다)가 나머지 공간을 채우고 있다. 내가 창조적인 시간을 대부분 보내는 이 성역을 꾸미는 데 투자한 금액은 겨우 몇 백 달러에 지나지 않는다.

연습과제 3: 가족과의 약속

당신은 예술 작업에 필요한 시간과 장소를 확보하고 사생활을 보호받을 수 있도록 가족과 함께 의논하여 일종의 약정서를 작성하도록 한다. 당신이 혼자 살고 있다면 자기 자신과의 약정을 작성하여 정해진 시간 동안에는 어떠한 방해도 받지 않겠다고 약속하도록 하라. 그 약정서에는 전화를 받는 시간과 방문객을 맞는 시간까지 정해 놓도록 한다.(나도 내 작업 시간에는 그렇게 한다.)

우리 가족은 정말 화급한 일을 제외하고는 내가 서재의 문을 닫고 예술 활동을 하고 있으면 나를 방해하지 않는다. 물론 남편이나 아들이 집을 나설 때면 방에 들어와 나에게 인사를 하고 간다. 이는 가족 간의 약속이다. 나도 내내 문을 닫아걸고 싶지는 않기 때문에, 방해받고 싶지 않을 때에는 문 앞에 표지판을 걸어둔다. (다음 연습과제에서는 자신만의 '들어오지 마시오' 표지판을 만들 것이다. 혼자 산다면 그 표지를 전화기 위에 올려놓고 일할 때는 전화를 받지 않도록 한다.)

가족들과 이 약정서에 관해 의견을 나누고 가족 구성원에게 모두 서명을 받는다. 그 후에는 축하하라! 이 일을 계기로 당신의 예술가의 삶이 즐거운 일로 자리매김할 수 있도록 하라. 혼자 산다면 가까운 친구 몇 명을 불러 당신과 함께 그곳에 서명하도록 하라. 이렇게 하면 당신은 어떤 책임감을 느낄 수 있을 것이다. 당신이 자신과의 약속에 맞춰 살고 있는지 확인해 달라고 같이 살고 있지 않은 사람에게 부탁하라.

창조적 소명

나는 이 방을 좋아한다. 오후의 플로리다 태양빛이 모아둔 각색 유리병에 미끄러지면 창문 밖 수영장에 비친 그림자는 회색빛 벽을 일렁이는 남옥색으로 바꾼다. 도서전시회에서 공짜로 얻은 다채롭게 꾸며진 포스터에는 시편 46편 10-11절 말씀이 있는데, 이는 나를 이렇게 일깨운다. "이르시기를 너희는 가만히 있어 내가 하나님 됨을 알지어다. … 만군의 여호와께서 우리와 함께 하시니 야곱의 하나님은 우리의 피난처시로다." 여기가 바로 나만의 장소이다. 나는 이곳에 있으면 편안해진다.

당신은 메리 엥겔브리트가 어머니께 스튜디오가 필요하다고 말했을 때 어머니가 린넨 옷장으로 그녀의 방을 만들어 주었다는 것을 기억할 것이다. 예술 작업을 위해 침실이 5개인 집에 살아야 하는 것은 아니다.(물론, 당신이 내 친구 조이스처럼 세쌍둥이를 키우고 있다면 모르지만!) 어떤 예술가들은 가족이 대부분의 시간을 보내는 집 중앙에 자신의 스튜디오를 만들고 싶어 한다. 그러나 작품 활동을 위한 장소가 있기만 한다면, 그곳이 어디여야 한다는 사실은 그리 중요치 않다. 자녀들이 있다면 당신이 작품을 위해 사용하는 재료와 스튜디오는 그들의 손이 닿지 않도록 해야 한다. 그렇지 않다면 필요할 때 정작 찾지 못할 경우가 있을 것이다. 당신이 컴퓨터로 일한다면 당신만을 위한 컴퓨터를 장만하여 자녀들의 방해를 받지 않도록 하라.

또한 당신에게 편안한 장소를 마련한다는 것이 자신만을 위한 이기적인 행동이 아님을 기억하라. 그것은 마땅히 있어야 할 곳이다. 뭔가 생산하기 위해서는 스튜디오가 필요하다. 거기에 덧붙여 당신의 작업실이 아무리 어질러져 있고 정리가 되어 있지 않아 보인다 해도 다른 사람이 그 난장판에 덧보태지 않도록 가족들에게 당부하라. 어쨌거나 그 난장판의 주체는 당신이다. 다른 사람의 손을 타지 않도록 해야 한다. 자녀들과 배우자도 당신의 작업실에서 가위나 풀 따위를 가져가지 말도록 하라. 아끼는 분재에 손질을 하러 갔다가 길 들여 놓은 도구가 없어지는 낭패를 당하고 싶지 않다면 말이다. 성악을 전공하는 당신의 발성 테이프를 누군가에게 '빌려' 주었다가 전혀 생각지도 않게 높은 음으로 노래를 해야 할지도 모를 일이다! 가족이 사용할 수 있는 물품들을 쌓아두는 공간을 따로 만들어 두라. 그리고 당신의 작업실에 있는 것은 오직 당신만이 사용할 것이라는 것을 분명히 인식시키라.

자기만의 방

노르크로프트(Norcroft)는 미네소타주의 슈페리어 호수(Lake Superior)에 위치한 여성 작가를 위한 쉼터이다. 그곳에 입실한 운 좋은 여성들은 그곳에 머물 동안 각자 자신의 침실을 쓸 수 있을 뿐 아니라 개별 저작 공간이 주어진다. 또한 그곳에서 호수를 바라보며 하루 종일 누군가의 방해를 받지 않고 일할 수 있다. 노르크로프트는 직장에서뿐 아니라 집에서도 누군가 부르면 당장 달려가야 할 처지에 있는 여성 작가들을 위한 곳이다. 그들이 진정으로 성과를 낼 수 있도록 고적한 장소를 제공하겠다는 의도이다. 버지니아 울프는 『자기만의 방』(*A Room of One's Own*)이라는 작지만 놀라운 책에서 이 같은 점을 강조했다. "여성(나는 여기에 '혹은 남성'이란 말을 덧붙이고 싶다)이 작품을 쓰려면 돈과 자신만의 방이 있어야 한다."

연습과제 4: 우리를 위한 장소

당신의 '작은 땅'은 어디인가? 당신이 창작하기에 편안한 곳은 어디인가? 당신의 집에서 가장 평안하고 가장 방해를 적게 받는 곳은 어디인가? 당신의 예술가 노트에 이상적인 예술인의 작업실을 묘사해 보라. 그곳은 어디인가? 그곳에 창문이 있다면 그 창을 통해 보이는 것은 무엇인가? 가구나 벽에 걸어둔 그림, 사진은 무엇인가? 원한다면 이곳을 설명할 간단한 그림을 그려보라.

이미 작업실을 가지고 있다면 그곳을 묘사해 보라. 창의적인 생산성을 더욱 이끌어 내기 위해 할 수 있는 일은 무엇인가? 때로는 지저분한 방을 정리하기만 해도 작업하기에 더 좋은 공간을 만들 수 있다.

방문에 걸어둘 '들어오지 마시오' 표지판을 디자인해 만들어 보자. 작업할 때마다 그것을 걸어 두라. 당신이 그룹에 속해 있다면 다음 모임 때 그것을 다른 사람들에게 보여주라.

어린 아이였을 때 나무집을 만들거나 못 쓰는 상자나 나무 조각 등으로 성을 만들어 본 적 있지 않은가? 침대보나 담요, 작은 커피 테이블을 그곳에 가져다 놓고, 그곳이 자신의 집이라고 만족해하기도 했을 것이다. 왜 자기만의 특별한 공간에 하루 종일 박혀 있는 것이 그렇게 좋았을까? 오후 정도 되면 자신이 만든 성(영어로 fort는 라틴어 fortis, 즉 '강함'이라는 단어에서 왔다)은 제대로 그 모양을 갖추었다. 그러면 당신은 부모님께 다음 날까지 그곳을 없애 버리지 말아달라고 부탁하면서 적어도 그 날 하루 밤만이라도 그곳에서 자게 해 달라고 졸라보기도 했을 것이다. 이처럼 그렇게 자기만의 공간을 갖는 것이 자기중심적인 행동이었던가, 아니면 '비밀의 정원'에서 메리 레녹스(Mary Lennox)가 숙부 아키발드(Archibald)에게 '작은 땅'을 요구했던 것처럼 자기주장의 표현이었던가? 모든 예술가는 그 가슴 깊은 곳에 창작을 위한 장소의 필요성을 느끼고 있다.

비판은 무시하라

영감이 천국의 숨이라면, 당신 어깨 위에 올라타서 당신 귀에 실패의 언어만을 속삭이는 비판자는 그 반대이다. 영감은 하나님에게서 오기 때문에 우리가 하는 일이 결코 훌륭하지 못하다(결코 팔리지 않을 것이고, 출판도 되지 않을 것이고, 별 볼일 없고, 난잡하고, 우리의 진짜 의무에서 멀어지게만 한다)는 생각이야말로 바로 지옥의 중심에서 나온 것이다. 먼저 그 생각의 실체를 알아보자. 사탄은 우리가 재능을 실현하지 못하게 하기 위해 무슨 방법으로든 우리를 가둬 놓고 맥 빠지도록 만들 것이다. 사탄이 우리를 무능력하게 만드는 한 가지 방법은 창조의 과정에 비판가를 끌어들이는 것이다.

비판가, 편집자, 검열가, 모니터, 무슨 이름을 붙이든지 그들에게 내재한 목소리는 내가 하고 있는 작업에서 잘못된 점들만을 집어낸다. 비판 없이는 우리가 들인 노력의 결과를 받아들이지 못한다. 물론 창조의 과정에는 평가가 있어야 한다. 편집, 교정 혹은 다른 개선이나 수정의 여지도 없는 형편없는 예술가도 있다는 점은 분명하다. 하지만 창조의 초기 단계에서 자신의 스튜디오나 자신의 머리 안에 비판가의 자리란 없다고 선언하는 것은 예술가 자신의 몫이다. 위대한 희곡 작가인 안톤 체호프(Anton Chekov)은 어느 편지에서 이렇게 썼다. "단연코 성공과 실패에 대한 두려움은 버려야 합니다. 그런 염려는 버리십시오. 날마다, 아주 조용히, 반드시 실수가 있을 것이지만 실패는 아니라는 마음가짐으로 꾸준히 일하는 것이 당신의 의무입니다."

만약 명백한 실수, 실망, 실패의 상황에 맞닥뜨리면, 당신은 기도의 힘을 믿고 이에 감사해야 한다. 비판가는 당신의 작품이 '훌륭하지 못하다'는 말로 당신이 근심에 빠지기를 원한다. 예술가들은 자신의 창조물에 완전히 만족하지 못하는 법이라 당신이 그런 비판에 귀 기울인다면 당신은 결코 뭔가 창조할 수 없을 것이다. 하나님이 만물을 주재하신다. '당신은 시간 낭비만 하고 있다.' 혹은 '당신은 자기중심적이다.'라고 말하는 비판가의 말을 들을 때마다 기도 중에 그 말을 주님께 아뢰고 예수님의 이름으로 그에 대꾸하라. 당신의 창조적 인생을 위해 당신은 지금 투쟁하고 있는 것이고 하나님은 당신의 편이다.

우리의 구원자이신 하나님과의 관계는 이 세상에서 유일하게 건강한 종속적 관계이다. 하나님은 당신이 그에게로 돌아서길 원하시며, 당신의 방패막이 되기를 원하신다. 전신갑주에 관한 에베소서 6장 14-18절을 읽고 기도하라. 그러면 당신의 성

창조적 소명

에서 안전하게 문을 지키는 수호천사와 함께 당신은 편안함을 얻게 될 것이며 창조
력이란 액체가 흐르기 시작할 것이다.

> 그런즉 서서 진리로 너희 허리 띠를 띠고 의의 호심경을 붙이고 평안의 복음이 준
> 비한 것으로 신을 신고 모든 것 위에 믿음의 방패를 가지고 이로써 능히 악한 자의
> 모든 불화살을 소멸하고 구원의 투구와 성령의 검 곧 하나님의 말씀을 가지라 모
> 든 기도와 간구를 하되 항상 성령 안에서 기도하고 이를 위하여 깨어 구하기를 항
> 상 힘쓰며 여러 성도를 위하여 구하라(엡 6:14-18).

우리가 최종 결과물에 대한 염려를 멈추면, 자아로부터 자유로워져 일에 몰두
할 수 있다. 그리고 일하는 즐거움을 경험하게 된다. 종의 태도를 우리는 구속으
로 보지만, 실제로 이는 우리 자신보다 좀 더 위대한 하나님과 우리의 협력에서 생
기는 무엇인가를 창조하기에 자유로워진다. 이는 역설이 아닐 수 없다. 창조주와
의 친밀한 관계를 세우려는 우리의 노력을 적이 분쇄하려고 하는 것은 놀라운 일
이 아닌가?

구약의 성직자들과 마찬가지로 우리는 그 제단 앞에서 절하고, 우리의 희생물
즉 재능, 시간을 드리며, 하나님과 부활의 연합을 이루기를 열망한다. 비판의 목소
리를 잠재워라. 이것을 마음의 평화를 깨트리는 침략이라 선언하고 당신이 예술가
가 되도록 허락하신 하나님과의 연합으로 들어가라. 당신의 작업실에 다음과 같은
이사야의 말을 걸어 두라. "너희의 구속자시요 이스라엘의 거룩하신 이이신 여호
와께서 이르시되 '나는 네게 유익하도록 가르치고 너를 마땅히 행할 길로 인도하
는 네 하나님 여호와라'"(사 48:17). 비판이라는 무자비에 짓눌릴 때마다 이 글을 읽
으라. 비판의 목적은 중력과 마찬가지로 우리를 땅에 머무르게 하려는 것이다. 일
을 하고, 숨을 내쉬며, 우리가 태어나게 된 예술가의 길을 가는 것은 공기같이 가벼

운 천상의 작업이다. 땅으로 속박하는 그 비판을 떨쳐 버리라.

창조적인 결과를 얻기 위해 창조적인 사람들이 마땅히 다루어야 할 문제들을 검토해 보자.

① 예술 작업을 위한 특정한 시간을 정한다.

② 외부의 요구에서 이 시간을 방어하는 법을 배운다.

③ 예술 작업을 할 수 있는 공간을 확보한다.

④ 비판의 소리를 거부한다.

위의 문제들 중에서 가장 도전이 되는 것은 무엇인가?

위의 도전들 중에서 가장 극복하기 어려운 것은 무엇인가?

이번 주에는 당신이 방금 말한 장애물을 극복하기 위해 특별한 노력을 기울이도록 하라. 당신의 창조적 목표를 성취하기 위해서는 먼저 예술가의 일에 '참석'하도록 해야 한다. 이것이 무슨 뜻인가를 살펴보자.

일을 섬기라

'attend'라는 말은 *American Heritage College Dictionary*에 따르면 '…에 참

석하다'라는 뜻이다(예) '개막식 혹은 음악회에 참석하다'). 이 정의는 나탈리 골드버그 (Natalie Goldberg's)가 작가에게 주는 충고 '원고지에 나타나야 한다'를 떠올리게 한다. '참석하다'(attend)는 '나타나다' 혹은 '그 자리에 있다'라는 의미이다. 그러나 이보다 더 깊이 살펴보면 '보살피다', '주의를 기울이다'라는 뜻이 있다.

예술 작업에 참가할 때면, 나는 그저 단순히 나타내지만은 않는다. 나는 그 일을 보살피고 주의를 기울인다. 그러나 'attend'의 세 번째 정의에는 이보다 더 깊은 어감이 있다. '스스로를 적용 혹은 지시한다.'가 바로 그것이다. 아! 자신을 일에 적용하여 그 일로 나아가게 하는 것, 그것이 바로 내가 찾고 있던 것 아닌가? 그러나 비슷하긴 하지만 정확히 맞는 것은 아니다. 우리가 찾고 있던 뜻을 찾기 위해서는 다섯 번째 정의까지 내려가야 한다. 그것은 바로 '섬길 준비가 되어 있다', '시중들다'라는 의미이다.

'일에 참석하는 것'은 그저 작업실에 나타나기만 한다고 되는 것은 아니다. 그것은 일에 우리의 주의를 집중하고 자신을 그 일에 적용해 지시하는 것이다. 일에 참석한다는 것은 섬길 준비가 되어 있으며, 시중든다는 의미이다. 우리는 자신과 모든 우리의 관심을 일에 쏟아 부을 때 그 일을 섬길 수 있다. 그리하여 일이 "나를 살찌워 주세요!"라고 부르는 요청 소리에 응답의 자세를 취하고 그 일에 참석할 수 있다.

그러나 어떻게 이런 '창조하는 일'이라고 불리는 놀라운 일이 일어나는 것일까? 그저 작업실에 조용히 앉아 성령이 우리를 감동시켜 주시길 기다리면 되는 것일까? 우리가 예술의 언어를 말할 수 있게 되기 전에 어떤 감동이 필요한 것은 아닐까? 성령강림절에 사도들이 그랬던 것처럼 우리도 우리 머리 위에서 불의 혓바닥이 춤을 추어 예술을 통해 진리를 선포하게 될 때를 기다려야 하는 것은 아닐까?

그에 대한 대답은 긍정적이면서 동시에 부정적이기도 하다. 사도들과 마찬가지로 우리는 성령이 우리의 마음과 입술을 열어 우리가 '새로운 일'을 선포할 수 있는 장소에 자신을 데려 가야 한다. 만약 사도들이 그 당시 그곳에 있지 않았더라면, 즉 그들이 다른 믿는 자들과 함께 그 모임에 참석하지 않았더라면, 그들은 교회 탄생 역사의 일부분이 될 기회를 놓치고 말았을 것이다. 그들이 설거지를 하거나 '진짜' 일을 하느라고 집에 있었더라면, 영감을 받기에는 정신적 여유가 너무 없었을 것이다. 그들이 오순절 날에 참석했을 때는 두려움, 의심 그리고 내분 등이 따랐지만, 어쨌든 그들은 참석하도록 지시된 곳에 자리해 있었다. 그들이 성령을 먼저 받았기 때문에 정신을 집중한 것이 아니라, 그들이 집중하였기 때문에 성령을 받은 것이다.

우리는 사도들의 예처럼 마음과 정신에 이렇게 새겨야 한다. "우리의 재능과 은사는 가정을 일구고, 가족을 보살피며, 직장이 잘 돌아가게 하는 것만큼이나 중요하다." 우리의 재능은 우리에게 그리고 우리를 통해서 온 은사이며, 그것들을 사용하는 것이 우리의 책임이라는 것을 항상 기억해야 한다. 감흥이 있든 없든 작가는 글을 쓰고, 음악가는 연주하고, 화가는 그림을 그리고, 수예가는 수를 놓고, 요리사는 요리하며, 정원사는 정원을 가꾸어야 한다. 때로는 흙에 삽질을 하는 겸손한 일손을 놓지 않는 것이야말로 정원을 탄생시킬 수 있는 방법이다.

연습과제 5: 무조건 해 보자!

"바로 작업실로 가서 뭔가를 만들라."라는 프레드 밥(Fred Babb)의 말이 적힌 포스터가 있다. 나는 그 포스터를 부엌에 붙여 두고 늘 기억하려 한다.

앞으로 삼십 분 동안 이를 실천하라. 뭔가를 만들라. 특별한 계획이나 예정을 가지고 있지 않아도 걱정하지 마라. 그저 손과 목소리 혹은 몸을 사용하여 움직이라. 멈추거나 생각조차 하지 마라. 그렇게 적은 시간의 투자가 어떤 결과를 낳는지 두고 보라. 그렇게 해서 만들어 낸 것은 그것이 무엇이든 간직하라.(그것이 음식이 아니라면. 만약 먹을 것이라면 친구를 불러 함께 먹으라!) 그리고 그 경험을 예술가 노트에 적어 보라.

이 장에서 당신이 명심해야 할 가장 중요한 대목이 있다. 우리는 창조적 생산을 하기 위해 영감받기를 기다릴 수 없다. 세상이 창조되었을 때는 세 가지 요소(예술가, 영감 그리고 표현)가 동시에 있었다는 것을 기억하라. 우리는 각자의 특별한 예술적 표현을 통해 일을 기다려 주고, 일에 시중들며, 일을 섬김으로써 우리의 예술과 자신 그리고 삶에서 성령의 감흥에 열려 있게 된다.

무슨 일을 하든지 마음을 다하여 주께 하듯 하고 … 너희는 주 그리스도를 섬기느니라(골 3:23-24).

당신이 하고 있는 일은 당신이 깨닫고 있는 것보다 더 중요하다. 왜냐하면 그것은 단지 예술가의 문제만이 아니기 때문이다. 그것은 하나님이 당신에게 주신 재능을 사용하는 것에 관한 것만은 아니다. 그것은 예술 활동에 종사하기 위해 특정한 시간과 장소를 내어놓는 훈련과 인내의 과정이다. 그것은 인내를 온전히 이루는 것이다. "인내를 온전히 이루라 이는 너희로 온전하고 구비하여 조금도 부족함이 없게 하려 함이라"(약 1:4). 당신은 일을 섬기는 데 전념하라! 그리고 주님께서 어떻게 당신의 은사를 사용하기 원하는지 보여 주시도록, 그가 주신 은사에 종사함으로 끈기 있게 기다리라. 감동을 주시는 하나님을 믿고 행동하기 시작하라. 용기를 내라. 하나님이 당신이 하도록 하신 그 일을 하도록 마음을 크게 가지라.

너의 행사를 여호와께 맡기라 그리하면 네가 경영하는 것이 이루어지리라(잠 16:3).

Chapter 07

시간 만들기

그러므로 내 사랑하는 형제들아 견실하며 흔들리지 말고 항상 주의 일에 더욱 힘쓰는 자들이 되라 이는 너희 수고가 주 안에서 헛되지 않은 줄 앎이라(고전 15:58).

"나는 예술에 재능이 있어요. 그리고 감당할 수 없을 만큼 아이디어도 많아요. 하지만 일상이 바쁘다 보니 예술이란 것을 할 시간이 없네요."라는 말을 나는 종종 듣는다. 그러면 나는 이 책을 그들에게 소개해 준다. 이 장의 중요성을 생각하면, 제일 첫 장에 옮겨 놓아야 하는 것은 아닌가 하는 생각이 들 정도다. 나는 당신이 예술 활동을 하는 데 시간을 내는 것이 얼마나 중요한 일인지 잘 안다. 시간이 부족한 것이야말로 사람들이 자신의 재능을 활용하는 데 가장 커다란 방해물이기 때문이다. 이것이 7장의 내용이 다른 장보다 더 길어진 이유다. 재능 개발이 영적 발전과 긴밀하게 연관되어 있기에 우리가 이를 위해 삶에서 뭔가를 하겠다고 약속하면, 우리는 자신의 재능을 발전시키기 위해 시간을 내는 헌신을 할 수 있다.

시간은 당신 인생의 동전이다

"시간은 돈이다"라는 말은 누구나 아는 금언이다. 우리의 성장 배경에 있는 청교도적인 직업윤리를 돌아본다면, 이 말은 진리가 아닐 수 없다. 이 말은 우리에게 시간은 돈이라는 믿음을 심어 주었다. 그리고 돈을 버는 데 시간을 쓰는 것이 시간을 가장 잘 사용한 것이라고 생각하도록 만들었다. 물론 돈은 우리가 살아가는 데 필요하다. 또한 하나님도 필요한 것들을 채우고자 하는 우리의 욕망을 인정하신다. 하지만 불행하게도, 이러한 사고방식은 예술을 희생하여 돈을 버는 데 시간을 사용하도록 만들었다. 이런 믿음은 또한 예술 활동으로 돈을 벌지 못하면, 그에 쏟은 시간은 무가치한 것으로 결론을 내리도록 만들었다.

결코 시간을 찾지는 못하리라. 진정 시간을 원한다면, 당신이 만들어야 한다.

_찰스 빅스톤(Charles Bixton)

만약 당신이 하루의 시간을 어떻게 채울 것인가에 관해 기도하는 마음으로 주의를 기울인다면, 그리고 시간 사용에 관한 선택을 비판적인 눈으로 점검해 본다면 (비록 갚아야 할 청구서가 날아오고, 집을 유지하고, 돌봐야 할 가족이 있다 하더라도) 예술 활동에 필요한 시간을 찾게 될 것이다.

연습과제 1: 시간 도둑

당신이 예술 활동을 하는 자신의 모습을 상상하려고 할 때, 그런 예술 활동에 우선하는 다른 활동이나 책임은 무엇인가? 지금 당신 삶에서 '시간 도둑' 세 가지를 말해보라.

우리는 하루 중 남는 시간을 모아 창작 활동을 하는 데 사용할 수 있다. 만약 당신이 아침마다 20분씩 예술가 노트를 쓰고, 오후 시간 중 30분을 예술 활동을 하는 데 사용한다면 하루에 1시간도 안 되는 시간(TV 프로그램을 보는 데 걸리는 시간)으로 하나님이 주신 재능을 계발할 수 있다. 이처럼 당신은 하루에 50분을 확보할 수 있겠는가? 당신은 하나님이 그런 시간을 찾도록 도와주실 것이라고 믿는가? 앞 장의 성경 구절을 기억하라. 잠언 16장 3절에서 말하기를 "행사를 여호와께 맡기라 그리하면 네가 경영하는 것이 이루어지리라."라고 했다. 이 진실은 우리 손으로 이루어지는 작품에도 해당하지만 시간 사용에도 적용된다.

예술가가 되기 위해 시간을 내는 것은, 내 남편이 즐겨 하는 말로 표현하면, 한 번의 사건이라기보다는 과정이다. 당신은 이제부터 당신의 재능에 "Yes"라고 말하기 위해 삶에서 덜 중요한 일에는 "No"라고 말해야 함을 잊지 말아야 한다. 예술 작업을 하기 위한 시간이 어느 날 밤 갑자기 혹은 당신이 마음먹었다고 바로 생기는 것은 아니다. 그 과정에는 수많은 좌절이 있을 것이다. 시간 만들기는 바로 시간이 걸리는 과정임을 깨닫게 될 것이다.

이 장에서 당신은 자신의 시간관리 스타일을 평가해 보고, 그 스타일을 당신에게 어떻게 이롭게 사용할 것인지를 배울 것이다. 현재 당신이 그 시간을 어떻게 일상생활에서 사용하고 낭비하며 아끼고 있는지 살펴본 후, 당신의 예술을 위해 시간을 내도록 도와줄 여러 방안을 소개할 것이다.

상반됨의 통일

예술가가 되려면 어린이의 즉흥성과 어른의 훈련된 마음을 통합해야 한다. 노만 포도레츠(Norman Podhoretz)는 "창조력은 방해받지 않은 어린이의 에너지와 분명히 반대되는 적들, 즉 어른의 훈련된 질서의식이 놀라운 조화를 이루었음을 말한다."라고 주장한다. 많은 예술가가 그렇듯 나도 '어른의 훈련된 질서의식'으로 어려움을 겪었다. 예를 들어 해야 할 일의 목록에서 내가 간신히 성공한 것이라고는 하루 마지막에 그저 목록에서 각 항목을 삭제해 나가면서 실제로 한 일을 체크한 것뿐이라는 사실을 알게 되면 힘없는 미소를 짓게 된다. 나는 하루 동안 뭔가를 어디에 두었는지 몰라서, 혹은 어떤 것을 잊어버려서 내가 했던 행동들을 되짚어가며 찾는 데 몇 시간을 낭비한다. 또한 하루 종일 내 정신을 산만하게 만든 여러 가지 일에 무참히 넘어지고 만다. 더욱 심각한 것은 내 일정에 맞추면서 즐거움을 느끼기보다는 외부에서 오는 압력에 더 동기 부여가 되면서 일을 미루는 경향이 있다는 점이다. 나는 시간을 관리하는 데에는 전혀 유능한 사람이 아니다.

나는 내가 시간 사용을 얼마나 조직적으로 하지 못하는지 평가하는 데 많은 시간을 보냈다. 외향적인 사람들이 대부분 그렇듯, 나는 내적인 힘보다는 외적인 힘에 동기 부여가 더 잘된다. 학생들을 가르치는 것과 같은 외부 일정이 있다면, 나는 상당한 성과를 낸다. 학생들을 위해 하루를 충분히 잘 사용했기 때문에 저녁이 되면 어느 정도 만족감을 느낀다. 그러나 문제는 외부적인 일이 끝나고 난 후, 혹은 주말이나 글을 쓰기로 예정된 날의 시간 관리이다.

최근에 나는 좀 더 저작할 시간을 만들기 위해 전업 교사에서 시간제 교사로 전환했다. 글을 쓰는 날 아침이면 나는 오늘 해야 할 일을 생각하며 오늘 하루는 이 일에 몰두하면서 시간을 보내야겠다고 확고한 결심을 한다. 하지만 작업실로 향하는 길에 커피 한 잔을 내리고 부엌에서 나서려는 순간 접시 몇 개를 닦아야겠다는 생각이 든다. 그러나 설거지를 하려는데 음식물 쓰레기가 보이고 이를 먼저 버려야겠다는 마음이 들어 밖으로 나간다. 음식 쓰레기를 버리러 가는 도중 찬란한 아침 햇빛을 받은 화단을 보면서 그 아름다움에 감탄하며 잠깐 발걸음을 멈춘다. 그리고 화단에 잡초가 자라고 있다는 사실을 깨닫고 그것을 뽑아야겠다고 마음먹는다. 장비를 찾으러 창고에 가는 길에 나는 스스로를 위안한다. "지금부터 15분이면 돼. 15분만 일하면 금세 화단이 예뻐질 거야. 이렇게 날씨도 시원한데 운동도 되고 좋지. 뭐."

어느새 두 시간이 흐르고 나는 물을 한 잔 마시러 부엌으로 다시 향하지만, 세탁실을 지나다 빨래를 한번 돌려야겠다는 생각을 한다. 물론, 다 돌아간 빨래는 건조기에 넣어야 하고, 건조된 빨래는 꺼내서 개야 한다. 당신은 머릿속에 위의 모습이 그려질 것이다. 하루가 끝나면 내가 시작했던 많은 이런저런 일 중에서 끝낸 거라곤 '의무적으로 해야만 하는 일'이고, 중간에 하다 만 일이 여러 개 있음을 깨닫게 된다. 그리고 아침 설거지는 아직 그대로 남아 있는 것을 발견하게 된다. 아침 글쓰기는 어떻게 된 것인가? 이런 식의 시간 관리는 예술 활동을 하는 사람에게 좌절감을 주고, 잘못하면 예술을 포기하게 만든다.

최근까지 나는 운에 맡기는 듯한 이런 성격이 기질적인 단점이라는 것과 자기 훈련과 자아 통제 부족의 징표라고 생각했다. 내가 글이나 음악 활동을 하는 데 시간을 더 많이 사용하지 못하는 이유는 집중력이 짧고 끝까지 해 내는 끈기가 없기 때문이라고 믿었다. 하지만 이렇게 즉흥적으로 일을 처리하는 방식이 확산형 사고가(divergent thinker)에게는 전혀 약점이 아니라는 뇌에 관한 연구조사 결과를 보고 놀랐다. 사실, 그것은 우리가 시간을 관리하는 가장 좋은 방법일 수 있다.

앤 맥기쿠퍼(Ann McGee-Cooper)는 시간관리 컨설턴트이자 작가로 자신의 저서 『관리가 안 되는 사람들을 위한 자기 관리』(*Time Management for Unmanageable People*)에서, "확산형 사고가들은 한 가지 프로젝트에서 난관을 만나면, 다른 곳으로 옮겨 간다. 종종 우리는 다음 일을 하면서 첫 번째 프로젝트를 어떻게 끝내야 하는지 혹은 진행을 어떻게 해야 하는지 섬광 같은 아이디어를 떠올린다. 일관된 집중형 사고가에게 이것은 산만하고 잘못된 시간 낭비처럼 보일 수 있지만, 우리에게 필요한 통찰력을 우리의 뇌가 생산하도록 기다리며 다른 일을 하는 확산적인 방법일 수 있다."[1] 나에게는 이 말이 참으로 위안이 되었다.

확산형 사고가들은 한꺼번에 여러 생각을 넘나들 수 있다. 그들은 파슬리를 다듬으면서 자신이 그림을 그리다가 막혔던 문제를 해결하기 위한 방법을 생각할 수 있다. 확산형 사고가들은 모든 일을 한 번에 생각하면서, 동시에 필요한 아이디어를 골라내어 문제를 해결한다. 확산형 사고가의 이런 능력은 순차적인 사람들에게는 무계획적이고 '느슨해' 보이게 한다. 게다가 확장형 사고가들은 많은 일을 한꺼번에 처리하기 때문에 접시꽃 옆을 호미질하면서도 태양이 점점 더 뜨거워지고 자신의 등이 점점 아파온다는 사실에도 신경을 쓴다. 이때가 되면 그들은 잠시 동안 다른 일을 할 때가 왔음을 깨닫는다. 그러면 그들은 컴퓨터 화면이나 이젤 앞으로 돌아가 일을 하다가 휴식이 필요할 때 다시 잡초를 뽑을 것이다. 그러나 정원을 다듬으면서 받은 감흥은 그들의 창조적 에너지를 활성화할 것이다. 그리고 그것은 예술 활동을 다시 시작해야 함을 그들에게 인식시켜 줄 것이다. 반면 집중형 사고가들은 다른 과업으로 넘어가기 전에 하던 일을 종료하겠다는 의무감 때문에 그날 내내 창조적인 일을 다시 시작하지 못할 때까지 뜨거운 태양 아래에서 일을 계속한다. 확장형 사고가들의 분명한 무계획성은 실제로 자기 보호의 수단일 수 있다.

여기서 내가 하고 싶은 말은 사람들마다 시간 관리를 하는 데 다양한 방식이 있다는 것이다. 당신의 시간 관리 방식이 일관적이고 직선적이며 공장의 조합라인과 같은 효율성을 가지지 못하였다고 해서 당신이 시간을 현명하게 사용하는 능력이 부족하다는 뜻은 아니다. 그것은 다만 당신이 '시간을 현명하게 사용'한다는 개념을 어떻게 정의하느냐에 달려 있다. 당신이 어떤 시간 관리자에 속하는지 알아보기 위해 아래의 질문에 답해 보라.

시간관리 스타일 알아보기

아래의 각 항목에서 당신에게 가장 맞다고 생각하는 문장을 선택하시오.

1. 하루 중 나는 대개 …

(1) 목표를 설정하고 대부분 그것들을 한 번에 하나씩 수행한다.

(2) 목표를 설정하고 한두 개 정도만 그것도 종종 마지막 순간에 수행한다.

(3) 실패만 할 것이 분명하기 때문에 애초에 목표 설정 자체를 회피한다.

2. 목표가 있으면 (뭔가 내가 하고 싶은 일), 나는 …

(1) 단 한 번의 결심으로 그 목표를 추구한다.

(2) 그 목표를 완수하기 전에 주의가 흩어져서 다른 일을 시작하는 경향이 있다.

(3) 걱정과 실패에 대한 두려움으로 심지어는 시작조차 하기 어려울 때가 종종 있다.

3. 나는 마감일이 있으면 (시간이 정해진 일을 해야 할 때), 나는 대개 …

(1) 마감일이 되기 전에 완성한다.

(2) 마감일이 닥쳐야 피치를 올려서 정시에 끝낸다.

(3) 가능하면 시간을 연장해 보지만, 그렇지 못하면 늦어지는 것에 대해 좋은 핑계를
   만든다.

4. 약속이 있어 어떤 장소에 가야 한다면 나는 …

(1) 대개 일찍 도착하거나 정시에 도착한다.

(2) 정시에 도착하거나 그에 가까이 도착하지만 종종 매우 서둘러야 한다.

(3) 거의 항상 늦는다.

5. 한 프로젝트에서 일할 때, 나는 … 하는 경향이 있다.

(1) 그 일이 끝날 때까지 집중한다.

(2) 좀 더 급하거나 흥미 있는 일이 생기면 그 일에 정신이 빼앗긴다.

(3) 시작하기가 힘들어 때로는 시작조차 하지 못하기도 한다.

6. 내 스튜디오, 사무실 혹은 작업장에서 나는 …

(1) "모든 것에는 자기 자리가 있고, 모든 것이 제자리에 놓여 있다."

(2) 제자리가 정해져 있지만 아무 데나 두곤 한다.

(3) 완전히 제멋대로이기 때문에 도구들을 어디에 두었는지 잘 모른다.

7. 나는 회의란 … 하게 되어야 한다고 생각한다.

(1) 회의 의제가 분명히 정해지고 각 항목에 대한 시간이 배정되어 있으며 의장은 그

　안건을 지킨다.

(2) 의제는 정해져 있지만 중요한 관심거리가 발생하면 회의 중간에 그것을 위한 시간

　이 배정되기도 한다.

(3) 의제는 사전에 정해지지 않고 참석자들이 정하며, 배정된 시간은 다음 안건을 진행

　하기 전에 각 항목을 해결하기 위해 사용한다.

8. 누군가가 약속시간에 늦으면, 나는 …

(1) 화가 나서 개인적으로 나쁜 감정을 가진다.

(2) 공식행사나 프로그램의 시작이 늦어지는 경우에만 화를 낸다.

창조적 소명

(3) 나 자신이 자주 늦기 때문에 다른 사람이 지각할 때 화를 내지도 못한다.

9. 과업의 우선순위를 정한다면, 나는 …

(1) 각 항목에 어느 정도의 시간을 배정해야 할지 잘 안다.

(2) 상황이 바뀌면 내 우선순위도 바뀐다.

(3) 우선순위를 세우기도 어려우며 그 우선순위 목록을 잘 지키지도 않는다.

10. 일과계획표나 달력을 사용할 때, 나는 …

(1) 각 프로젝트에 필요한 시간을 분명하게 나눈다.

(2) 큰일들은 적어두지만 하루를 그 일들에 필요한 시간대로 나누지는 않는다.

(3) 필요할 때가 있지만 어디에 두었는지 찾을 수가 없다.

만약 당신이 위의 질문에 대한 답을 대부분 (1)번으로 선택했다면, 당신은 조직적이고 목표 지향적인 사람이다. 축하할 일이다! 그러나 당신은 진짜 목표나 목적이 아닌 좀 더 자유롭게 '존재'하는 행동에 참가하도록 자신을 허용할 필요가 있다. 모든 일을 계획대로 하는 당신에게는 창조적 생각들이 당신을 타고 흐르게 할 여유가 없다. 하시반 모든 창조적인 사람이 모두 비조직적이고 무계획적이라는 생각은 오해다. 몇 년 전, 아칸사스(Arkansas)의 화가인 밥 슈브(Bob Schub)가 건축한, 완벽하게 디자인된 지오데식 돔(geodesic dome; 정삼각형 모양의 받침대들이 모여서 반구형의 기본 구조를 이루며 내부 구조물의 지지 없이도 튼튼하여 건축물에 많이 응용된다.-역자)에 들어갔던 때를 기억한다. 슈브의 미술 도구들(붓, 팔레트 칼, 물감 튜브들, 기타 도구들)은 모두 각각의 장소에 서로 일렬로 나란히 열을 지어 놓여 있었다. 밥은 극히 재능이 많은 사람이었지만, 무계획적인 사람은 결코 아니었다.

만약 당신이 (1)번에 해당하는 시간 관리자라면 예술가 노트를 쓰거나 숨쉬기 운동을 하거나 예술 활동을 할 시간을 찾기가 어려울 것이다. 또한 에너지가 창출되는 활동보다 내가 에너지를 빨아내는 활동이라고 부르는 일에 상당 부분 시간을 사용하고 있을 것이다. 당신은 예술가 노트를 사용해서 자신의 약속을 점검하면서 어떤 것이 당신을 살찌우고 어떤 것이 당신을 메마르게 하는지 스스로 물어보도록 해야 한다. 당신의 인생에서 에너지를 빼앗아 가는 일들을 조심스럽게 살펴보면, 적어도 몇 가지는 인간적으로나 예술가로서 당신의 성공에 필요치 않은 일을 찾을 수 있을 것이다. 그리고 그것들을 잘라낼 수 있을 것이다. 불필요한 에너지 소모를 없애고 나면, 좀 더 중요한 에너지를 창출하는 활동 즉 당신이 필요하다고 믿는 예술 활동에 더 많은 시간을 내어 줄 그런 일들을 추구하도록 할 것이다. 당신이 (1)번에 해당하는 예술가라면 시간 관리는 문제가 되지 않는다. 다만 당신의 예술 활동을 가로막고 있는 뭔가가 있다는 것을 알아야 한다.

> 범사에 기한이 있고 천하 만사가 다 때가 있나니 … 모든 소망하는 일과 모든 행사에 때가 있음이라 하였으며(전 3:1,17).

만약 당신이 주로 (2)번을 선택했다면, 당신은 많은 예술가와 창조적 사고가들과 같은 부류에 속하는 것이다. 즉 당신은 이러한 이중성과 무계획성에도 안정적으로 활동한다. 한 가지 일을 하면서 다른 일에 주의를 빼앗기기도 하고, 하던 일이 끝나기 전에 다른 일을 시작하기도 한다. 모든 창조적인 사람이 그런 것은 아니지만, 많은 사람이 그렇다. 비록 이런 무계획성은 창조적인 생각의 물꼬를 트게 할 수 있지만, 문제는 한 가지 일을 완수하도록 집중하지 못한다는 것에 있다. 다음날까지 마쳐야 하는 글을 쓰던 중이라도 갑자기 떠오른 중요한 일에, 혹은 친구가 자신의 문제로 전화한다면 당신은 그것에 마음을 빼앗긴다. (2)번에 해당하는 사람은 자신의 작품을 위한 구체적인 계획 목록을 지킬 필요가 있다.

주로 (3)번 혹은 (2), (3)번에 해당하는 혼합형이라면, 그런 사람들은 생산적인 예술가가 되기 위해 자신의 삶을 좀 더 조직적으로 짤 필요가 있다. 그러나 시작하는 것 자체를 거의 불가능하게 느낄 수 있다. 만약 당신이 (3)번에 해당하는 사람이라면 시간 활용에 대해서는 스스로를 믿지 못할 지경이 되었을지도 모르겠다. 심지어는 예술 활동을 할 시간을 발견하는 것에도 두려운 마음을 갖고 있을 수 있다. 이 장의 연습과제를 통해 시간관리 기술이 부족하다는 생각에 사로잡힐 때마다 시간을 낭비하지 않고 시간을 벌 수 있도록 도와달라고 하나님께 도움을 구하라.

시간 관리를 위한 결심

당신이 무엇인가를 창조할 감동이 생겼거나, 감동이 메말랐거나 혹은 전혀 감흥이 없다 해도 예술 활동을 하는 시간을 만들어야 한다. 당신에게 도움을 줄 4가지 결심을 제안한다. 그중 어떤 것은 (1)번형 예술가에게, 어떤 것은 (2), (3)번형 예술가에게 더 쉬울 수 있다. 이 결심을 단지 지시나 규칙이 아닌 건강한 시간관리를 위한 안내로 생각하라.

① 매일 내 예술을 위해 규칙적인 시간을 따로 떼어놓겠다(가능하다면).

② 생산적인 예술가들은 일정표에 맞게 생활한다는 사실을 나 자신에게 계속해서 상기시키겠다.

③ 메말라 있거나, 감정이 상했거나, 무엇을 어떻게 시작해야 할지 알 수 없을 때도 '작업실로 가서 뭔가를 만드는 작업' 을 하겠다.

④ 나는 내 정서의 보고(寶庫)를 채우기 위한 시간 사용에 죄책감을 느끼지 않겠다.

나는 계속해서 의식적으로 하나님의 감동을 들이마시고 그가 나에게 주신 예술적 능력을 표현하는 숨을 내쉴 것이다.

이 4가지 습관은 시간을 현명하게 사용하고 자신의 예술을 위해 시간을 내기 원하는 사람들에게는 필수적인 것이다. 창조하기 위한 시간을 만들고 그저 예술 활동에 '존재'하기 위한 시간을 내는 것은 모두 이 방정식의 한 부분이라는 것에 유의하라. 예술가로서 꽃을 피우고 자라나기 위해서 우리는 우리 자신뿐 아니라 작업실과 한 약속도 지킬 수 있어야 한다. 그것은 곧 우리가 숨쉬기 운동(새로운 아이디어와 감정 표현을 받아들이기 위해 우리 자신을 내보내는 것)을 한다는 것을 의미한다.

진정으로 중요한 것

당신은 자신의 시간에서 얼마나 많은 부분이 불필요하고 중요하지 않은 활동에 사용되는지를 깨닫는다면 놀랄 것이다. 우리는 흔히 이런 말을 듣는다. "임종 때 '사무실에서 좀 더 시간을 보냈다면 좋았을 것을 그랬어.'라고 말하는 사람은 아무도 없다." 여기에 나는 '설거지하고, 정원을 손질하고, 친구의 불평을 듣고, 내가 진정으로 중요하게 생각하지 않는 일을 위한 핵심 없는 회의에 맥없이 앉아 있는 일'들을 덧붙이고 싶다. 우리가 예술 활동을 못하는 이유는 '시간이 없어서'가 아니라 '시간 사용에서 현명한 선택을 하지 못하기' 때문이다.

시간관리 전문가는 자신이 어디로 가고 있는지 방향을 잡기 위한 기본으로 시간 사용에 대한 기록을 남기기를 권한다. 이 방법은 딱 하루만 한다 해도 효과를 볼 수 있다. 만약 일주일을 할 수 있다면, 당신은 "시간이 어디로 가버렸지?"라는 질문에 관한 답변을 찾을 수 있다. 마샬 쿡은 자신의 책 『당신의 창조력을 자유롭게 하라』(*Freeing Your Creativity*)에서 다음과 같이 충고한다.

창조적 소명

매일 당신의 예술 활동을 위한 시간과 장소를 만들라. 당신의 바이오리듬을 잘 알아두도록 해라. 에너지가 가장 왕성할 때 예술 활동을 하라. 자신의 예술 활동을 위한 시간을 만들 때 당신의 예술가와의 약속을 마치 회사에 출근하듯이, 혹은 가장 아끼는 친구와의 약속에 가는 것처럼 지키라.(기분이 좋지 않다고 결근하는 일은 거의 없을 것이다!)[2]

연습과제 2: 시간 캡슐

당신의 예술가 노트나 아래의 공란을 이용해 당신이 하루 동안 시간을 어떻게 사용했는지 기록하라. 매시간 알람시계를 맞추어 놓으면 도움이 될 것이다. 시계가 울릴 때마다 가능하면 하던 일을 멈추고 자신이 무엇을 하고 있었는지 간단히 적어라.

	활동	시간

오전 ____

____

____

____

오후 ____

____

____

____

시간 대부분에서 당신이 맡은 역할은 무엇인가? 가장, 가정주부, 회사 종업원, 상사, 친구, 상담자, 배우자, 부모, 아니면 예술가? ________________. 당신은 당신의 일을 위해 그 시간을 사용하고 있는가? 아니면 다른 사람을 위해 일하거나, 정말로 중요한 것이라고 스스로 느끼지 못하는 일을 하는 데 쓰고 있는가?

하루에 한두 시간 정도 예술 활동을 위해 사용할 수 있다면 어떻겠는가? 죄책감이 들겠는가? 그렇다면, 그 이유는 무엇인가? 자신의 감정을 예술가 노트에 적어보라.

멀티태스킹

'멀티태스킹'(multitasking)이란 용어는 일터에서 사용하는 단어이다. 원래는 한 번에 한 가지의 계산이나 과업을 수행하는 컴퓨터의 능력을 일컫는 말이었으나, 이제는 회사 내에서 적어도 두 가지 이상의 업무나 프로젝트를 한꺼번에 수행하는 사람들을 나타내는 말로 그 의미가 확대되었다. 순차적인 완성을 지향하는 사람들은 실제로 다중의 과업을(비록 그 생산성이 의심스럽기는 하지만) 동시에 넘나드는 사람들보다 덜 생산적이라고 인식되기도 한다.

물론 한 가지 과업을 완수할 때까지 그 일을 계속 진행하는 것이 더 생산적이고 실수가 적다고 반박하는 사람도 있다. 그러나 멀티태스킹에 대한 찬사는 업무의 영역을 넘어 우리 삶의 다른 영역까지 영향을 미친다. 예를 들어 우리는 아이들

창조적 소명

을 자신의 차로 축구 연습장에 데려다 주면서 휴대전화로 다른 약속을 정한다. 그러고 나서 슈퍼마켓으로 달려가 장을 보고 축구 연습이 끝날 쯤 아이들을 다시 태우고 허겁지겁 집으로 돌아온다. 그리고 저녁 준비를 하면서 아이들의 숙제를 도와준다. 이렇게 하지 않으면 우리는 부모의 역할을 제대로 하지 못하고 있다고 느낀다. 다음 과제로 넘어가기 전에 한 가지를 완성하는 것은 이제 더 이상 존경받을 만한 능력이 아니다.

사람들은 대부분 그저 관중석에 앉아서 아이들이 축구 연습을 하는 것을 지켜보는 것에 익숙하지 않다. 왜냐하면 그 시간 동안 자신이 성취할 수 있는 많은 일을 생각하기 때문이다. 하루 중 눈 떠 있는 시간에는 항상 무엇인가(아니면 두세 가지 이상)를 해야 한다는 강박관념을 느끼는 것은 비단 부모뿐만이 아니다. 나는 저녁 시간에 교제, 교육 혹은 업무와 관련한 활동이 잡혀 있지 않으면 거의 공황상태에 이르는 독신자들도 있다는 것을 안다. 그들은 자신을 위한 시간을 만들어 보겠다는 생각을 해 봐야 휴가 동안 개인적인 계발을 위해 워크숍에 등록하는 것 정도이다. 자신의 시간을 생산적인 일로 채우지 않으면, 그들은 죄책감을 느낀다. 심지어 엄마, 아빠들은 저녁마다 아이들과 자전거를 타러 나와서도 휴대전화로 누군가와 통화를 한다!

우리는 과도한 활동을 하는 문화에서 살고 있다. 이런 정신없는 사회에서 우리의 자존감은 각 과제를 얼마나 잘 수행하고 있는지 그리고 그것을 우리가 얼마나 즐겁게 하는지 혹은 정말 우리에게 중요한 일을 하기 위해서 얼마의 시간을 따로 떼어놓고 그 시간을 지키려 하는지보다는 한 번에 얼마나 여러 일을 수행할 수 있는지에 기반을 두는 경우가 많다.

언제부터 우리는 "애야, 좀 천천히 하렴, 한 번에 한 가지씩 말이야."라는 어머니의 충고를 듣던 시대에서 온종일 4개의 접시와 하나의 의자를 한꺼번에 공중에서 돌리는 생활을 하는 시대에 살게 된 것일까? 이 시대에 사는 많은 사람이 스트레스, 걱정 그리고 우울증으로 고통받고 있는 것은 놀라운 일이 아니다. 마치 초인인 것처럼 행동하지 않으면 우리는 자존감을 느끼지도 못한다. 우리는 어쩌면 "아니요."라고 말하는 법을 배워야 할지 모르겠다.

'아니오'라는 말에 '예스'라고 말하기

정말 당신이 했으면 하고 바라는 일 대신 다른 사람이 하기를 바라는 일을 하느라 보낸 시간은 매주 어느 정도 되는지 자문하라. 너무 많은 활동, 책임, 사회적인 일들로 즐거움보다는 분노의 감정을 느끼며 봉사를 끝낸 적은 없는가? 그저 다른 사람에게 잘 보이고 싶어서 일을 맡은 경우는 없었는가? 허만 멜빌(Herman Melville)의 소설에서 서기 바틀비(Bartleby the Scrivener)가 하던 대사, "그러고 싶지 않은데요"(I prefer not to)라고 대답하고 싶었지만, 결국은 더 많은 약속을 하게 되는 압력을 받은 경험이 있는가?

이 세상에서 살아가기 위해 우리는 시간을 현명하게 써야 한다. 결코 멈추어 생명을 맛보지 못할 만큼 바쁘게 살지 말아야 한다. 또한, 단 일 분의 놀라운 가치를 깨닫지 못하는 일은 없어야 할 것이다.

_로버트 업디그래프(Robert R. Updegraff)

우리는 누군가의 필요나 요청에 '예스'라고 대답하면, 종종 자신의 필요에 대해서는 '노'라고 말하게 된다. 사실, 우리가 시간과 에너지를 어떻게 쓸 것인가를 결정하는 것은 다른 한편으로는 다른 무엇인가에 '노'라고 말하는 것이다. 예술 활동을 하기 위한 시간을 우리가 따로 구분해 지키기 위해, 우리는 그럴 만한 일에는 '아니오'라고 말할 수 있는 용기가 있어야 한다.

다른 사람을 돕기 위해 시간, 자원 그리고 재능을 사용하는 것은 좋은 일이다.

창조적 소명

성경의 말씀과 같이 우리야말로 세상의 빛과 소금이다. 이미 말했던 것처럼 우리는 하나님이 우리에게 주신 일에 대한 종이 되기 위해 자아도취와 자기중심성에서 벗어나야 한다. 다른 일들에 '아니오'라고 거부하는 것은 마치 자아에게 맞춰진 삶으로 후퇴하는 것 같아 보인다. '자아에 죽는 것'은 다른 사람에 대한 종이 되겠다는 뜻이 아닌가? '아니오'라고 말하는 것은 그저 다른 종류의 자아함몰이 아닌가? 아니다. (하지만 그렇게 되기란 얼마나 쉬운가?)

'아니오'라는 말이 항상 부정적인 것은 아니다. '아니오'라는 거부는 전향적이고 긍정적일 수 있다. 앤 모로우 린드버그(Anne Morrow Lindberg)는 『바다에서 온 선물』(*Gift from the Sea*)에서 이렇게 말한다. "혼자 있으면서도 나 자신을 찾을 수 있는 빈 시간과 빈 공간이 없다. 내 스케줄 기록장에는 비어 있는 공간이 별로 없다. 뜻 있는 활동들, 가치 있는 일들, 흥미로운 사람들로 가득 차 있다. 우리 삶에 붙어 있는 것들은 단지 사소한 것뿐 아니라 중요하기도 하기 때문이다. 우리에게는 보화들이 넘쳐난다. 그러나 겉껍질은 요란해도 그중 한, 둘만이 의미 있는 것이다."[3] 우리 또한 삶에서 영양식을 너무 과하게 섭취한다. 우리는 우리가 아끼는 사람들을 중요한 존재로 생각하기에 그 관계를 가꾸어 가기 위해 시간을 사용하기 원한다. 그러나 어떤 사람들은 자신의 가치에 대한 기초를 다른 사람의 필요에 응답하는 것에 두고 있기도 한다. '아니오'라는 말은 어쩌면 당돌하고 이기적으로 보이기도 한다. 그러나 실제로 우리가 요구에 대한 거절을 배운다면, 오히려 상대방에게 존중을 받기도 하고 죄책감을 느끼지도 않을 것이다. 개인적으로 여러 요구들에 맞선 내 용기를 부러워하기도 한다. 예술을 위한 시간을 확보하려는 이런 노력은 건강한 거절의 말을 하게 하는 습관을 강화시킬 것이다.

당신의 삶에서 "'아니오'라고 말했다면 좋았을 텐데"라고 느꼈던 일들을 생각해 보라. 시댁 식구들과의 저녁식사? 월별 학부모회의 참석? 찬양대를 섬기는 일? 같이 있어도 즐겁지 않을 뿐 아니라 에너지가 소모되기만 하는 친구와의 외출? 뭔가 창조적인 일을 할 시간에 남편과 아무 생각 없이 TV 보기? 일을 하러 가는 것? 집안 청소? 당신이 가장 '아니오'라고 말하고 싶은 것 세 가지를 아래에 써 보라.(아무리 불가능할 것 같아도 일단 쓰라.)

당신의 시간을 요구하는 것들이 예의에 어긋나지 않고 마음을 상하게 하지 않는 방법으로 거절할 수 있는 범위에 있는 것인지 결정할 필요가 있을 때 스스로 자문하라. "내가 집에서 예술 작업을 하지 않고 밖에서 일을 하는 직장인이라면, 나에게 이런 요청이 왔을까?" 만약 이 질문에 대한 대답이 '아니오'라면, 당신의 답변은 분명 거절의 말이 되어야 한다. 당신의 예술 작업은 집 밖에서 일하는 것만큼이나 중요하다.

이것은 또한 자신이 예술 작품에 들이는 시간에 뭔가 다른 것(예를 들어 부엌 바닥 청소나 세차 등)을 해야 한다는 감정이 들 때 유용하다. 스스로에게 물어보라. "집에 있지 않고 지금 외부에서 일을 하고 있다면 내가 지금 이 일을 해야 할까? 그냥 진공청소기로 바닥을 한번 훑고 난 다음 일주일을 견디다가 걸레질을 하면 어떨까?" 당신이 해야 할 목록 중 특정 항목에 '아니오'라고 말한 후 깨닫는 것은 지금 당장 해야 한다고 생각했던 일을 좀 더 늦춘다고 해도 큰 문제가 되지 않는다는 것이다. 이렇게 작은 일들이 모이면 당신은 예술 창작을 위한 시간을 만들 수 있다.

"내가 아니면 안 돼."의 함정을 피하라

'아니오'라고 말하지 못하는 또 다른 걸림돌은 '자신이 없으면 안 된다'는 믿음 때문이다. '내가 음악을 담당하지 않으면 이 연극은 실패할 거야. 내가 회장을 맡지 않으면 동아리에 문제가 생길 거야. 친구와 점심을 같이 먹어 주지 않으면 친구는 깊은 우울증에서 벗어나지 못할 거야.' 우리가 흔히 하는 이런 사고방식에는 어떤 문제가 있는 걸까?

먼저, 내가 그 단체의 핵심적 존재라고 확신하는 것은 자기중심적이다. 당신은 만약 자신이 프로젝트에 참여하지 않으면 그것이 성공할 수 없다고 생각하는가? 직장인 중에 이러한 생각으로 몸이 아픈데도 출근하는 사람이 많이 있다. 하지만 직장에 대한 그들의 헌신은 몸을 더 피곤하게 해서 병을 키우거나, 주변 사람에게 전염시키거나, 자신이 없으면 안 된다고 생각하는 일들에 오히려 방해가 된다. 자신이 참여하지 않으면 마치 세상이 무너질 것 같은 믿음으로 행동하는 것은 환상에 불과하다. 이는 자신의 정신적·예술적 건강을 위해 극복해야 한다.

"내가 없으면 안 돼."라는 함정은 다른 면에서도 부정적이다. 당신과 깊은 우정 때문이 아니라 당신과 자신의 문제를 의논하고 싶기 때문에 오랜 시간 전화를 하거나 점심을 먹거나 커피를 마시면서 이야기를 나누고 싶어 하는 사람이 주변에 있는가? 의견이나 충고를 구하는 사람들의 요청은 약간은 당신의 기분을 좋게 할지 모른다. 하지만 당신이 심리치료 분야에서 훈련을 받지 않았다면, 그들을 위해 귀중한 시간을 사용해도 그들에게 진짜 필요한 도움을 줄 수 없다. 그들의 행복에 당신이 꼭 필요하다는 환상은 실제로 예술 작업을 위한 시간을 확보하려는 노력에 방해가 될 뿐 아니라 그들에게도 해로울 수 있다.

'진정한 우정을 키우는 것'과 '김정적인 도움, 그리고 우리가 줄 수 있는 것보다 더 많은 도움을 요구하는 사람들에 의해 이용되는 것'에는 차이가 있다. 이렇게 가라앉는 시간을 회피하는 방법은 당신의 시간을 요구해 오는 사람에게 당신이 지금 하고 있는 작업을 완성할 때까지는 아무런 약속도 잡지 못한다고 말하는 것이다. 다른 말로 표현하면, "미안해, 이미 너무 많은 일이 있어서 지금은 그럴 시간이 없어." 당신의 에너지와 시간을 훔쳐 가는 사람들과 시간을 보내는 일에 자기 자신을 몰아가도록 허용하지 마라. 당신의 인생에서 그 사람과 시간을 보내는 것을 꼭 원하지 않는다면 그들은 어쨌건 진정한 친구는 아닐 가능성이 많다.

일단 자신을 돌아보고 다른 일들이 당신 없이는 안 된다는 생각을 버리고 나면, 바로 그 사람들 중 일부는 진정한 당신의 후원자가 되어 준다는 사실을 발견하며 놀라게 될 것이다. 그들은 자신을 관리하고 시간을 아끼는 당신의 노력에 찬사를 보낼 것이다. 당신은 그 시간을 하나님과 함께 보내면서 영감을 공급받을 수 있고 살아 있다는 느낌을 받을 수 있다. 그리고 완전함이라는 새로운 감정을 알게 된다. 이 '새로워지고 개선된' 당신은 주변 사람들에게 축복이 될 것이다.

연습문제 3: 다른 사람의 요구를 거절하는 법

다른 사람들의 요청에 일일이 다 응하다 보면 자신의 시간을 갖기 어렵다. 어떻게 하면 다른 사람의 부탁을 정중하게 거절할 수 있을까? 아래에 세 가지 정도 그 방법을 적어 보자.

____

____

____

____

____

____

사실 다른 사람들은 정말 당신 없이도 잘 지낼 수 있다!(이 부분을 유념하여 생각해 보기 바란다) 세상은 지금 당신이 당장 빨래를 하지 않아도 잘 돌아간다. 부녀회 회장이 무슨 말을 해도, 당신이 그 유명한 피칸 브라우니를 굽지 않아도 바자회는 성공적으로 이루어진다. 책을 쓰는 데 집중하느라 아이들을 위한 잡지 구독을 받지 않아도 기금 모금은 계속된다. 투자 클럽은 당신이 재무를 맡아 주지 않아도 생존할 수 있다. 당신이 하루저녁 정도 저녁을 준비하지 않는다고 가족들이 굶어 죽지는 않는다. "작품에 몰두하고 싶지만 그럴 시간이 없어요."라고 말하는 대신에 이렇게 말하도록 하라. "당신에게 _______을 해 주고 싶지만, 시간이 없네요. 나는 내 작품을 할 시간이 필요해요."

> 시간은 인생의 동전이다. 그것은 당신이 지닌 유일한 동전이며, 그것을 어떻게 쓸 것인지는 당신이 결정한다. 다른 사람이 그 동전을 당신을 위해 사용하지 않도록 조심하라.
>
> _칼 샌드버그(Carl Sandburg)

우리의 은사를 섬기는 것은 자아를 섬기는 것이 아니다. 그것은 하나님을 섬기는 것이다. 우리가 자신의 재능에 대한 종이 될 때 우리는 더욱 충만해진다. 다른 사람을 기쁘게 하기 위해 우리 안에 있는 예술가를 희생하는 일은 멈추어야 한다. 우리는 더욱 행복해지고, 평화로워지며, 분노의 감정은 줄어들고, 같이 있고 싶은 사람이 된다. 다른 사람에 대해 '아니오'라고 말하는 것은, 우리에게 주신 은사를 개발하기 원하시는 하나님께 '네'라고 말하는 것이다.

당신의 인생으로 되돌아가라

새해를 맞이하기 전날, 나는 이번 해를 "'아니오'라고 말하는 해"로 삼기로 결심하고 작가라는 내 꿈에 도전하기로 했다. 한 달에 한 번씩 하던 교회 음악활동을 그만두었고, 피아노 레슨도 포기하였으며, 위원회 일에 대한 요청도 모두 거절했다. 그리고 지난 2년 동안 내가 주관하던 클럽의 사무실 운영에도 손을 뗐고, 자원 봉사도 더 이상 하지 않기로 결심했다. 그리고 사교 모임에 초청을 받아도 꼭 가야 하는 경우에만 참석했다. 간단히 말해, 나는 내면으로 들어가 글을 쓸 수 있는 더 많은 시간을 찾기 위해 일정을 비우기 시작했다.

처음에는 사람들이 나를 자기중심적인 책임회피자라고 생각할까봐 두려웠다. 사람들이 나에게 자원 봉사를 요청하면, 나는 "미안해요. 그런데 올해는 '아니오'라고 말하는 해로 정했거든요. 한 해 동안은 나를 위해 다른 일은 하지 않기로 했어요."라고 말하곤 했다. 당신은 이런 나에게 어떤 일이 일어났을 것이라 생각하는가? 그들이 나를 이기적이고 협조 의식이 없거나 제정신이 아닌 사람으로 여겼을 것이라고 생각하는가? 아니면 나에게 화를 내거나 나를 떠났을 것이라 생각하는가?

사람들은 대부분 내가 그런 말을 했을 때 화를 내거나 언짢아하지 않았다. 대부분이 "정말 괜찮은 생각이네요! 나도 '아니오'라고 말하는 해가 필요해요. 나는 부탁을 거절하지 못하거든요. 항상 죄책감을 느끼고는 '네'라고 말해 버리죠."라는 말을 했다.

내가 정한 "'아니오'라고 말하는 해"는 성공적이었다. 많은 사람이 나에게 무엇인가를 요구하던 습관에서 벗어나게 되었으며, 부탁을 거절해야 할 일도 훨씬 줄어들었다. 나로서는 만족스럽고, 상대적으로 스트레스가 적은 해를 보냈다. 그리고 세상은(일, 가족, 친구, 잔일들, 모임, 그리고 교회를 포함하여) 나 없이도 잘 돌아간다는 사실을 알게 되었다. 가족들은 내 결심을 지원해 주었다. 특히 긴장해서 사는 나보다는 좀 더 편안해진 나와 지내는 것이 훨씬 편하다는 것을 깨닫고 난 후에는 더 적극적으로 나를 후원해 주었다. 또한 나는 '아니오'라고 말하는 해를 선언하고 나서부터 다른 사람도 그렇게 할 수 있도록 그들을 격려했다.

그리고 당신에게도 지금 이 방법을 제안한다.(이렇게 말할 줄 짐작했겠지만.) 만약 1년이 너무 길다고 느껴지면, 3달 동안 시도해 보라. 자신이 약속한 일들이 적든 많든 상관없이 자신에게 편안해지도록 하라. 집에서 그림을 그리기 위해 다른 일들에 '아니오'라고 말해 놓고, 실상 책 읽고 낮잠을 자더라도 너무 노심초사하지 마

라. 한 쳇바퀴에서 다른 쳇바퀴로 옮겨 타는 일은 하지 마라. 그렇게 되면 하고자 하는 일에 대한 즐거움과 경이감을 잃어버릴 수 있다. 자신에게 '시간'이라는 선물을 선사하는 것이다.

자신에게 이런 선물을 하는 것에 관한 생각을 예술가 노트에 적어라. 그리고 가족에게 당신이 결정한 것에 대해 이야기하라. 이 결심을 한다고 해서 해야 할 일을 하지 않겠다는 뜻이 아니라고 안심시켜 주라. 다만 그들에게 당신의 도움이 필요할 때 당신이 거절할 수도 있음을 알게 하라. 그들의 협조를 구하라. 부가된 평화와 침묵에 새로워진 당신을 합하면, 집안 모든 사람의 삶도 더 편해질 것이다.

연습과제 3에서 당신이 생각해 낸 '거절의 말'을 연습하라. "나는 지금 '아니오'라고 말하는 해를 보내고 있어요. 내년에는 사경회 회장직을 기꺼이 맡도록 하지요." 따위의 말들로 임시로 위기를 모면하지 않도록 하라. 그래봐야 기껏 그때가 되어서 지킬 수 없는 (혹은 하고 싶지 않은) 약속을 하는 부담만을 안게 될 것이다. 게다가 곧 닥쳐올 책임의 무거운 짐은 휴가로 받은 그 한 해의 빛을 흐리게 할 것이다. 아무런 설명도, '다음에' 혹은 '나중에'라는 약속도 하지 않고 '아니오'라고 말해도 좋다.

만약 특별한 행사가 있어 일을 해야 한다면, 구체적인 조건(화요일 11:30에서 1:00까지 등으로)을 걸고 그 시간을 지키도록 하라. 한계를 정해 두어야 약속을 깨고 말 것 같은 압박에서 자신을 보호할 수 있다. 예술을 위한 시간을 보호하겠다는 당신의 결심을 강하게 지니도록 하나님께 기도하라. '아니오'라고 말하는 해를 실천하면서 그것이 예술가로서 당신에게 어떤 마음가짐을 지니게 했는지와 대체적으로 삶에 대해 어떤 느낌을 받게 되었는지를 기록하라. 그리고 당신의 정신과 영적인 건강이 자라난 것을 기뻐하라!

전화통화를 삼가라

예술가가 되기 위한 시간을 버는 다른 방법은 전화를 받지 않는 것이다. 자동 응답기나 전화를 받아주는 전화응답서비스를 사용하면 휴식시간을 이용해 한꺼번에 답신할 수 있다. 당신은 이를 매우 사소한 방법이라 여길지 모르지만, 전화벨이 울리면 다른 일로 매우 바쁘다가도 전화를 받고 싶은 유혹을 거절하지 못하는 사람들이 많다. 예를 들어, 다른 사람들을 잘 격려해 주는 은사를 지닌 내 동생은 전화를 받지 않는 것을 매우 어려워한다. 전화를 건 사람이 어떤 문제로 자신과 이야기하고 싶어 하는 것이 아닐까라는 걱정 때문이다. 그러나 불행하게도 전화를 받으면, 예술적 에너지가 가장 왕성한 시간을 전화기에 매달려 보내게 된다.

만약 정말 중요한 말을 하기 위해 전화를 걸었다면, 그 사람은 당신이 전화를 받지 않는다고 해도 메시지를 남길 것이다. 그러면 당신은 시간 날 때 그들에게 전화를 해 주면 된다. 최근 나는 응답전화기에서 지역전화국의 전화응답서비스로 바꾸었다. 이는 내가 인터넷을 하거나 통화를 하는 중에도 걸려오는 전화를 놓치지 않을 수 있게 해 줄 뿐 아니라, 전화를 거는 사람의 목소리도 들을 필요가 없게 만들어 주었다. 그러나 전화응답서비스가 작동하기 전 내가 먼저 전화 수화기를 들 때가 있는데, 그러면 그 전화는 대개 판매원이거나 다른 무단 침입자에게서 걸려온 원치 않는 전화일 경우가 많았다.(혹은 전화를 건 사람이 전화응답기에 간단하게 메모만 남기기를 원했을 수도 있다.) 나는 전화를 받아 답변을 하고 전화를 건 사람에게 공손히 거절하는 그 시간에 글을 쓸 수 있었다. 만약 수화기를 들었을 때, 내가 아끼는 사람의 전화라서 "일 분만 얘기할게."라고 말하기도 했지만, 결국 그 일 분이 삼십 분이 될 때가 많다. 어떤 경우든, 내 집중력을 분산시키고 시간을 앗아갔던 것이다. 당신은 하루에도 "자, 내가 어디까지 했더라?"라는 말을 한 적이 얼마나 많았던가?

당신이 전화기를 들고 싶은 충동을 느낀다면, 이렇게 자문하라. "만약 이 전화가 내가 집에 없을 때 왔다면?" 우리는 직장에서 대부분 개인적으로 전화를 하거나 받지 않도록 교육받는다. 내가 일하는 교실에도 전화기가 있지만, 만약 학생들을 지도해야 하는 시간에 전화를 받는다면, 그 전화를 건 사람도 세금을 내는 사람이므로 (즉 내 월급을 주는 납세자) 그다지 좋아하지 않을 것이다. 사람들은 대부분 음성 메시지를 남기기를 원하며 기꺼이 그렇게 하고 있다. 전화응답기나 전화국의 서비스를 이용하여 간단히 당신이 휴식할 때 답신을 하면 하루에 한 시간 정도는 창작 활동을 할 시간을 벌 수 있다.

연습과제 4: 전화로부터의 해방

이를 실천하기 위해 이번 주 동안 작품 활동을 하든지 안하든지 상관하지 말고 전화를 받지 마라. 자동응답기를 통해 메시지를 받도록 설정하라.

당신이 이를 포기하고 수화기를 든다면 이 전화기록부에 다음의 정보를 적어라.(답신인지 당신이 걸은 전화인지는 세지 않아도 좋다.) 이번 주말에는 당신이 전화를 받고 거는 데 사용한 시간을 모두 더하여 보라.(그 시간은 예술가의 시간이 아니었다!)

통화자의 이름	날짜	통화 시간

다이어트할 때 무엇을 먹었는지 일일이 적는 것처럼 전화를 받고 거는 데 보낸 시간을 추적하면 전화가 울릴 때마다 자신이 소비한 시간이 얼마나 되는지 알게 된다. 때로는 통화기록부를 쓰는 것이 귀찮아 수화기에 뻗치던 손을 다시 움츠리게 만들기도 할 것이다.

그러나 자신이 보살펴야 할 자녀나 돌봐드려야 할 부모님이 있다면 당신은 이런 선택을 망설일 수 있다. 이때 유용한 한 가지 방법이 있다. 그들이 긴급한 일로 당신과 연락해야 한다면, 그들과 당신만이 아는 신호를 사용하는 것이다. 예를 들어 전화벨이 두 번 울리고 나서 전화가 끊어지고 다시 전화가 걸려온다면 당신은 그 사람이 누구인지 알기 때문에 전화를 받을 수 있다.

당신이 자신의 시간을 다른 사람의 필요 때문에 볼모로 잡히게 둔다면(이 경우에는 누군가가 당신이 편한 시간이 아닌 시간에 당신과 얘기하고자 하는 사람), 당신은 시간을 관리할 수 없게 된다. 자아 통제를 하지 못하는 것은 물론이요, 전화벨이 울릴 때마다 수화기를 드는 순간, 자신의 시간을 통제하지 못하게 된다. 전화응답기나 전화응답 서비스를 사용한다고 해도 당신은 여전히 좋은 친구요, 신실한 부모이며 배우자 그리고 믿을 만한 동료이다. 당신이 해야 할 일은 예술 작업 시간에서 휴식을 취할 때 그 전화에 답신을 하는 것이다. 당신도 이 방법에 익숙해질 것이다.

이메일이란 괴물을 다스리라

최근 많은 사람의 삶에 가장 새롭게 등장한 시간 소모자는 '이메일 읽기'와 '답하기'이다. 따라서 이 부분을 언급하지 않고는 시간 관리에 관한 장을 끝낼 수 없다. 내가 인도하는 창조적 소명 그룹과 전화사용에 관한 이야기를 할 때면 누군 가로부터 자신이 얼마나 이메일을 관리하느라 시간을 보내는지 모른다며 불평하는 이야기를 듣게 된다. 여기서는 이메일 훼방꾼을 잘 관리하기 위한 제안을 몇 가지 해 보려고 한다.

① 통화에서와 마찬가지로 이메일에 답하는 시간도 정해 두라. 컴퓨터로 많은 일을 하는 동안 "편지가 왔습니다."라는 메시지가 떠도 많은 작가와 그래픽 아티스트들은 그 메시지를 무시해 버린다. 이메일은 대부분 즉각적인 응답을 해야

할 만큼 다급한 것은 아니다.

② 다른 사람의 스케줄이 아닌 당신의 스케줄에 맞추어 이메일을 주고받도록 하라.

③ 이메일이란 시스템의 편리성은 보내는 사람이 편리한 시간에 보낼 수 있고 받는 사람도 편리한 시간에 답할 수 있다는 점이란 것을 기억하라. 이메일이 도착했다는 신호음이 들릴 때마다 이메일을 확인하면 전화에 비해 이메일이 가진 가장 커다란 장점 중 하나를 누리지 못하는 것이다. 즉, 당신의 시간에 관한 통제권을 확보해야 한다.

TV를 끄라

60년대 내가 고등학생이었을 때, 우리 집 TV는 매일 "투데이 쇼"로 시작하여 "투나잇 쇼"로 끝이 났다. 아무도 보고 있지 않을 때 TV가 켜져 있던 적도 종종 있었다. TV에서 방송했던 프로그램은 지금쯤 바뀌었을지 모르지만(물론 더 좋게 바뀌었다는 장담은 할 수 없다) 가정의 모습은 대부분 그다지 많이 바뀐 것 같지는 않다.

1998년 A.C 닐슨사의 조사에 따르면, 미국 가정은 하루에 TV를 평균 7시간 12분 켜둔다. 그리고 매일 3시간 46분 동안 TV를 본다. 일 년 동안 TV를 본 시간을 합치면 52일 동안 쉼 없이 본 셈이다. 미국인들은 대부분 65세가 되면 생애 중 9년 동안을 아무 생각 없이 TV를 보는 데 시간을 보내며, 광고를 보는 데도 1년을 소비한다. 미국인 중 66%가 저녁을 먹으며 TV를 보고 있다면, 식탁에 둘러앉아 대화하는 가족의 개념은 이미 한물간 것은 아닌가?

우리 가족은 아들 제임스가 14살이 되었을 때, TV를 더 이상 보지 않기로 했다. 제임스가 TV를 보고 싶어 하는 마음을 극복하는 데는 2주일이 필요했다. 6개월이 지나자 그는 더 이상 TV를 보고 싶어 하지 않았다. 그리고 그는 TV가 없는 생활이 훨씬 좋다고 했다.(이 아이는 TV에서 자유로운 집에서 사는 것이 좋다고 생각한다.) 우리 가족은 TV를 보지 않으면서 저녁 시간이면 편안하게 하루의 일과 떠오른 생각들을 나눌 수 있게 되었다.(십대의 아이들도 상대방이 자신의 말을 진심으로 듣고 있다는 생각이 들면 얼마나 자기표현을 잘하는지 당신도 놀랄 것이다.) 남편과 나는 모두 예술 활동에 더 집중할 수 있었다. 그는 자신이 하고 있는 연극의 대사를 연습하거나 합창단의 단원으로서 새로운 곡을 배우는 데 그 시간을 사용했다. 나는 글을 쓰거나, 피아노 혹은 사놓고 한 번도 배울 기회가 없었던 덜서머(dulcimer)를 연주했다.

나는 당신에게 집에 아이들이 있든지 없든지 TV 전원을 뽑아 버릴 것을 강하게 권한다. 쉽지는 않겠지만 당신이 예술 작업을 할 시간을 찾고 싶다면, 이것이야말로 확실한 방법이다. 당신은 신문이나 다른 정기간행물 그리고 다른 일을 하면서 듣는 공영 라디오 방송을 통해서도 세상 소식을 접할 수 있다. 그 시간에 산책과 게임, 독서를 하면서 그리고 사랑하는 사람들과 대화를 즐기면서 이 책의 앞부분에서 말했던 숨쉬기 운동으로 즐거운 시간을 보낼 수 있다.

나는 TV가 대단히 교육적이라는 것을 알았다. 누군가가 스위치를 켜기만 하면 나는 다른 방으로 들어가 양서를 읽을 수 있으니 말이다.

_그로초 막스(Groucho Marx)

만약 당신이 TV를 긴장을 풀기 위해 보는 것이라 해도 처음 TV를 켰을 때보다 보고 난 후 기분이 더 좋지 않다면, TV 앞에서 종종 잠이 든 적이 있다면, 혹은 전날 밤 보았던 내용을 아침에 기억하기가 어렵다면 가구를 재배치한다고 생각하면서 다음 연습과제를 해 보라.

연습과제 5: TV 자리 새로 잡기
① 한 달 동안 TV를 창고나 벽장 안에 옮겨 놓으라. 너무 커서 들기 힘들다면 뭔가 재

미있고 '예술 작품'과 같은 것으로 덮으라. (앞 장에서 지난 시간에 당신이 만들었던 콜라주나 포스터 중 하나로 덮어도 좋다!) 코드를 뽑고, 리모컨은 숨겨 놓고 한 달 내내 절대 만지지 마라.

② TV를 보고 싶다는 유혹에 빠지게 하는 환경을 피하라. 신문의 TV란은 읽지 말고, 지난밤의 드라마에 대해 이야기하는 사람들과의 대화에서는 빠지라. 산책, 가족과의 시간, 작업실에서 일하기 등 평소에 바보상자 앞에서 보내는 시간에 할 수 있는 구체적인 활동 계획을 세우라.

③ '미니시리즈'(항상 '스페셜'은 있기 마련이다)가 끝나거나 연휴(공휴일은 언제나 돌아온다)가 끝나거나, 스포츠 시즌이 끝나기(언제나 다른 종류의 스포츠 시즌 중이다)를 기다리지 마라. 정말로 보고 싶은 프로그램이나 스포츠 이벤트가 있다면 친구 집이나 동네 스포츠바로 가서 사교하는 방법 중 하나로 TV를 보라. 한 달 동안은 당신의 일상생활에서 TV를 완전히 없애 버리라. 당신의 성공과 실패담을 기록하라.

④ 만약 포기한다고 해도 자신을 실패자라고 생각하지 마라. 옛 습관을 버리고 새로운 습관을 익히기에는 한 달이 걸린다. 이 경험을 당신의 노트에 적을 주제로 삼으라. 당신이 TV가 없는 세상을 살겠다는 목표를 성취하는 데 필요한 힘을 하나님께서 주시도록 기도하라.

당신은 어떻게 생각하는가? TV에서 멀리 떨어져 살 수 있겠는가? 저녁에 무엇을 해야 할지 고민인가? 책을 읽고, 글을 쓰고, 그림을 그리고, 가족과 카드 게임을 하고, 운동을 하거나 혹은 외출을 하는 것은 어떤가? 선물을 사는 데 시간과 돈을 쓰기보다 그 선물을 직접 만드는 것은 어떤가? 저녁 식사를 준비하고, 바느질하며, 뭔가를 만들고, 편지를 쓴다면 혹은 잠자리에 일찍 드는 것은 어떤가? 공중을 타고 들어오는 모든 부정적인 메시지를 무의식적으로 받아들이는 일이 없기 때문에 다른 사람에 대해 더 긍정적이 되지 않을까? 이를 한번 경험해 보고 싶지 않은가?

그 반대급부는 무엇인가?

이 말이 너무 급진적으로 들리는가? "현재의 당신을 바꾸라", 혹은 "당신이 자랑으로 여기던 '도움을 주는 사람'이 되는 것을 그만두라", "당신이 의지하는 기술을 사용하지 마라"라는 요구를 받는 기분이 드는가? 그렇다면 예술 활동을 위해 우리가 왜 시간을 내야 하는지 그 이유를 상기해 보자. '그래야 하기 때문이' 아니라 '그렇게 하지 않으면' 우리는 결코 하나님이 의도하신 사람이 되지 못하기 때문이다. 우리가 작품 활동을 할 시간을 찾는 것은 일종의 사역에 참여하는 것이다.

시간에 관해 찰스 E. 험멜(Hummel)은 이렇게 말한다. "우리의 딜레마는 시간 부족보다 더 심오한 것이다. 그것은 기본적으로 우선순위의 문제이다. 고백컨대, '해야 할 일을 하지 못했어. 그리고 하지 말았어야 하는 일을 하고 말았다네.'⁴라고 말한 적이 우리는 종종 있다." 우리 안에는 성령이 계셔서 우리가 우선순위를 정하는 데 도움을 주신다. 성령님은 우리가 도움을 요청하기를 기다리신다. 그는 우리가 하나님이 원하시는 예술가가 되기에 필요한 시간을 낼 수 있도록 도우신다.

매들린 랭글은 "예술가란 정말 아름다워 사람들에게 그 원천을 알고자 하는 마음을 불러일으키는 빛을 보여 줌으로써 사람들을 그리스도께로 이끄는자들이다. 만약 우리 삶이 정말 '하나님 안에서 그리스도와 함께 감추어' 있다면, 그 감추어진 것이 행동, 말 그리고 글로 드러나게 된다는 것은 놀라운 사실이다."⁵라고 말한다. 그가 주신 재능을 통해 하나님의 영이 일할 수 있는 시간을 만드는 것은 일종의 기도하는 시간을 내는 것이다. 그 시간에 우리는 집중력, 시간 그리고 재능과 같은 하나님이 주신 것들을 돌려드린다. 우리는 그분에게 우리 삶에 존재하는 새로운 공간을 제공해야 한다. 그 공간을 통해 하나님은 우리에게 말씀하시고, 감동을 주시며, 창조적 부름에 쫓아갈 방법을 구하는 기도에 응답하신다. 시간을 내는 것은 세상에 뭔가 특별한 것, "너무 아름다워 사람들에게 그 원천을 알고 싶어 하는 마음을 불러일으키는 빛"을 밝히겠다는 소망으로 작품에 임하는 것이다. "너희 안에 계신 이가 세상에 있는 자보다 크심이라"(요일 4:4). 이것이 바로 그 약속이요 소망이다.

소망이 우리를 부끄럽게 하지 아니함은 우리에게 주신 성령으로 말미암아 하나님 의 사랑이 우리 마음에 부은 바 됨이니(롬 5:5).

Chapter 08
단순한 삶

아무 것도 염려하지 말고 다만 모든 일에 기도와 간구로, 너희 구할 것을 감사함으로 하나님께 아뢰라 그리하면 모든 지각에 뛰어난 하나님의 평강이 그리스도 예수 안에서 너희 마음과 생각을 지키시리라(빌 4:6-7).

1973년 나는 플로리다를 떠나 전 남편과 친구 네 명과 함께 아칸소주로 이사했다. 무엇보다 좀 더 창조적으로 살 수 있는 자유와 공간이 필요했다. 우리는 스스로 집을 짓고, 먹거리를 직접 기르며, 옷과 가구를 우리 손으로 만들기 원했다. 우리는 모두 직업적인 예술가는 아니었지만, 우리 중에는 화가, 조각가, 그래픽 아티스트가 각 한 명씩 그리고 작가 두 명과 음악가 한 명이 있었다. 우리는 재산 대부분을 팔아 산지 120 에이커를 사고, '땅의 기름진 소산을 경작'하겠다는 젊은이다운 열정으로 험악한 오자크(OZARK) 산맥으로 향했다. 우리는 순진하게도 집 밖에서 일하지 않고 먹거리를 직접 기르며 주택 대출금을 갚아야 하는 부담 없이 손수 집을 짓는다면 예술가로서 자유롭게 자신을 더 개발할 수 있을 것이라고 생각했다. 그리고 더욱 건강해지고, 자연과 가까워질 수 있을 것이라고 믿었다.

그러나 우리는 간단한 도구로 땅을 개간하려던 무지한 노력을 몇 개월간 거듭한 끝에 결국은 남아 있던 돈을 모아 불도저운전기능사를 고용했다. 도로를 내고,

숲을 개간하여 과수원과 작은 오두막을 지을 땅을 만들기 위해서였다. 그때 우리는 개간지에서 과실나무와 정원을 가꾸고 유지하려면 우물이 있어야 한다는 것을 깨달았다. 여름에는 벼룩과 진드기, 겨울에는 얼어붙어 굳은 진흙탕의 도로와 사투를 벌여야 했다. 돈이 떨어져 생활비를 벌기 위해 직장을 구해야 하는 상황이 되자 '아스팔트 포장' 도로와 가까운 곳으로 이사를 해야만 했다. 단순한 삶을 살기 위해서 모든 일을 했음에도 하루 종일 시달리는 직장으로 돌아간 것 같은 우리 자신을 발견했다. 또한 얼마 안 되는 계산서를 지불해야 했고, 자연으로 돌아가자는 프로젝트를 계속하기에 필요한 돈을 벌어야만 했다. 이 모두는 우리가 예술 활동을 할 더 많은 시간을 가지기 위해서였다.

> 우리의 인생은 사소한 작은 일들로 소소히 낭비된다. 단순화, 단순화하라.
>
> _헨리 데이비드 소로(Henry David Thoreau)

네 사람이 모두 도시로 돌아간 후에도 나와 남편은 여기에서 그다지 떨어져 있지 않은 곳에 있는 땅 25 에이커를 사서 우리 손으로 집을 짓고 그곳에서 살았다. 이 프로젝트를 수행하면서 나는 10살 때 『로빈슨 가족』(Swiss Family Robinson)이라는 책을 읽은 후 키워 왔던 꿈을 이루었다. 좀 더 창조적인 사람이 되어야 한다는 필요성이 나를 마운틴버그(Mountainburg)로 데려갔던 것이다. 우리는 땔감을 직접 자르고, 여름이면 비가 와야만 고이는 샘에서 물을 펌프질했다. 또한 땅 반 에이커에서 기른 유기농 과일과 야채를 보호하기 위해 곤충, 사슴 그리고 멧돼지와 싸웠다. 나는 비닐하우스를 치고 바닥재 깔며 지붕을 올리는 법을 배웠다. 그리고 배관과 전기 공사도 할 수 있게 되었다. 첫 11년 동안 우리는 에어컨 없이 살았다. 7월 중순에서 9월까지 비도 오지 않고, 거의 화씨 100도에 육박하는 날이 여러 날 계속되었을 때도 마찬가지였다. 우리는 더위를 식히기 위해 가뭄에도 샘물이 차 있는

'웅덩이 풀장'에 몸을 담갔다. 남편은 집안을 시원하게 하기 위해 (에어컨을 사지 않고) 커다란 선풍기를 다락에 설치했다. 그러나 이것이 되레 뜨거운 열기를 집안으로 끌어들여 집안이 마치 거대한 오븐 같이 되기도 했다. 수년 동안 나는 한 시간 정도 차를 타고 가는 거리에 있는 대학의 여름 강좌를 맡아 가르쳤는데, 여분의 돈을 벌 목적도 있었지만 에어컨 바람을 쐬기 위한 것이 주목적이었다.

아칸사스에서 보낸 첫 해, 우리 집에는 배관시설이 없었다. 우리는 열세 번의 겨울을 보내는 동안 나무를 태우는 스토브로 집을 데웠다. 산정에 갑자기 얼음 폭풍이 불어 닥치면 우리는 직장에서 아이들을 가르치다가 카트라이트(Cartwright) 산꼭대기에 있는, 얼음으로 덮인 장작더미가 있는 지독히 추운 우리 집으로 돌아오곤 했다. 그날 아침 집을 나설 때 건조된 나무를 집 안에 들여 놓지 않았다면 우리는 얼음으로 얼어붙은 통나무들을 도끼로 쪼개야 했을 것이다. 운이 좋으면 우리는 스토브에 남아 있는 석탄으로 신문과 나무 조각을 태워 물기가 있는 땔감에 불을 붙게 할 수 있었다. 활활 타는 불에 더 이상 신경을 쓰지 않아도 될 만큼 몸이 녹으면 마지막으로 그날 밤 수도관이 얼어터지지 않도록 밤을 나기에 충분할 양의 나무를 집안으로 들여놓았다. 지하에 마른 장작을 많이 쌓아 놓아야 한다는 것을 알게 되기까지는 그다지 많은 경험이 필요하지 않았다.

니는 1986년에 플로리다의 윈터 파크(Winter park)로 돌아왔다. 이곳에 겨울이 찾아왔을 때 나는 거실을 가로질러 벽에 있는 보일러 스위치를 집게손가락으로 살짝 올려 보일러를 가동시키면서, "이게 바로, 삶을 단순하게 사는 거란다!"라고 아들 제임스에게 말했다.

단순한 삶이란?

내가 이런 이야기를 하는 이유는 '단순한 삶'이라는 것이 자연으로 돌아가라거나, 내가 했던 것처럼 세상의 시스템과 절연해서 자연의 품으로 돌아가라는 의미가 아님을 설명하기 위해서이다. 위의 이야기를 보면 알겠지만, 자연에서 사는 삶이 단순하지만은 않다. 자기충족적인 것과 인생을 단순하게 사는 것은 서로 다르다. 자가 발전식 가압기나 석유 보일러가 좀 더 독자적인 삶을 살게 할 수는 있겠지만, 그 기계를 구매하고 유지관리하며 보관하는 일이 당신의 삶을 덜 복잡하게 해 주지는 않을 것이다. 뒷마당을 야채밭으로 가꾸면 야채가게에 의존하는 일은 줄어들겠지만 밭일을 좋아하지 않는 이상 그것이 당신의 삶을 단순화시키거나 당신이 예술 활동을 하기에 더 많은 시간을 벌어 주지도 않는다.

만약 당신이 당신을 예술가로 부르시는 하나님의 목소리를 듣고자 한다면, 그리고 부르심에 응답하기 쉬운 삶을 살기를 원한다면 삶을 더욱 단순하게 만들 필요가 있다. 진정한 의미의 '단순한 삶' 말이다. 고대 그리스 철학자 데모크리토스(Democritus, BC 460-370)는 "평온한 삶을 살려면 가진 것을 적게 하라."라고 했다. 또한 로마 황제 마르쿠스 아우렐리우스 안토니우스(Marcus Aurelius Antonius, AD 121-180)는 그의 말에 동의하면서 삶에서 우리가 하고 있는 일들을 줄여야 할 것과 우리가 너무 많은 것으로 삶을 복잡하게 만들지 말아야 할 것을 경고했다. 그는 "당신이 이미 가진 것보다 부족한 것에 마음을 쓰지 않도록 하라.", "이를 기억하라. 행복한 인생을 만들기 위해 필요한 것은 아주 적다."라고 말했다.

예수님께서는 우리가 창조주와 진정한 관계를 맺기 위해서는 하나님을 신뢰하고, 근심과 삶의 분주함에 붙잡히지 말아야 한다고 가르치셨다. 누가복음 12장 22절에서 예수님은 "그러므로 내가 너희에게 이르노니 너희 목숨을 위하여 무엇을 먹을까 몸을 위하여 무엇을 입을까 염려하지 말라."라고 지시하셨다. 그런 다음 그분은 들의 백합화를 예로 들면서 하나님이 어떻게 그 아름다움을 지으셨는지 생각해 보라고 하셨다. 또한 예수님은 마가복음 10장 17절과 21절에서 우리가 단순한 삶을 살게 되면 하나님을 더 잘 이해할 수 있다고 하셨다. 한 젊은이가 찾아와서 예수님께 이렇게 질문했다. "선한 선생님이여 내가 무엇을 하여야 영생을 얻으리이까?" 예수님이 하신 대답은 젊은이의 심기를 불편하게 했다. "가서 네 있는 것을 다 팔아 가난한 자들을 주라. 그리하면 하늘에서 보화가 네게 있으리라. 그리고 와서 나를 좇으라." 우리는 이처럼 세상의 것을 모두 포기하고 하나님이 우리에게 제공하시는 그 부르심을 좇아야 한다.

헨리 데이비드 소로(Henry David Thoreau)와 랠프 에머슨(Ralph Waldo Emerson)은 19세기를 대표해서 문학과 철학 분야에서 목소리를 낸 사람들이었다. 20세기는 단순한 삶을 주창하는 그 나름의 목소리가 있는데, '내 자신의 땅으로 돌아가자'는 순례자적인 예가 바로 그것이다. 현재는 좀 더 단순하게 살기 위한 정보로 가득한 책과 잡지가 많이 나와 있고 웹 사이트가 존재하며, 오직 그 한 가지 일, 어떻게 하면 삶을 좀 더 단순화할 수 있는지를 사람들에게 알려 주는 일만 하는 컨설턴트들도 있다. 이러한 사실 하나만으로도 우리는 아직 그것을 성취하고 있지 못하다는 것을 반증한다. "단순한 삶"이란 글에서 수잔 필그림(Susan Pilgrim)은 이렇게 말한다. "소로 이래로 단순한 삶을 강조하지 않은 적이 없었다. 베이비붐 세대는 모든 것 즉 자동차, 사회적 지위, 큰 집, 돈을 가졌고 많은 스트레스를 받았다. 그러나 그들은 '모든 것을 가지는 것'이 자신들이 그토록 추구하는 것은 아니라는 사실을 발견했다. 뭔가가 빠져 있다. 그리고 '그 무엇인가'가 의미 있는 것이다. 근본적으로 '단순화'한다는 것은 당신에게 무엇이 정말 중요한 것인지를 결정하는 것이다."[1]

예술가들은 예술이 자신들에게 중요하다는 것을 알고 있다. 그들의 삶을 단순화하는 주요한 동기부여는 예술가가 되기 위한 시간을 좀 더 내는 데 있다. 우리는 물질주의의 쳇바퀴에서 빠져 나와 우리의 필요를 채워 주시는 하나님을 신뢰해야 한다.

이번 장에서 우리는 덜 복잡하고 덜 바쁘며, 좀 더 창조적이고 스트레스를 적게 받는 삶을 사는 방법을 알아볼 것이다. 우리는 삶의 문제를 해결하고 재정을 관리하며 두려움에서 벗어나 믿음으로 나아가고 그리고 무엇이 우리에게 진정으로 중요한 것인지에 기초한 의식적 선택을 할 수 있는 방법을 찾아볼 것이다.

연습과제 1: 진정으로 나에게 중요한 것

당신의 삶에서 중요한 것 10가지를 적어라. 중요도의 순서대로 쓸 필요는 없다. 그저 정말 당신에게 문제인 것 10가지를 적어 보라. 이후에 다시 돌아와서 우선순위를 정할 수 있을 것이다.

당신이 방금 작성한 목록을 훑어보라. 어떤 패턴이 나타나지 않는가? 당신에게 정말 중요한 것은 무엇인가? 가족, 친구 혹은 일반적인 인간관계? 목록에서 가장 위쪽에 있는 것은 무엇인가? 직업에서의 성공? 하나님과의 관계? 예술적 재능의 계발? 당신은 여행이나 공부를 하고 싶은 소망이 있는가? 앞으로 6개월밖에 살지 못한다면 당신의 목록에서 가장 중요한 것은 무엇인가? 그 항목들을 5개로 줄인다면 무엇을 선택할 것인가? 지금 당신 자신에게 삶을 단순하게 만들고 자신이 원하는 것을 하기 위한 시간을 확보하기 위해 덜 중요한 것을 버릴 각오가 있는지 물어보라.

창조적 소명

중요도의 결정은 삶을 단순화하는 첫걸음이다. 만약 친구나 가족과 함께 있는 것이 그 목록에서 상위에 위치해 있다면, 지금의 삶이 그 가치를 반영하고 있는지 평가할 필요가 있다. 만약 그렇지 못하다면, 우리가 일상생활에서 중요하다고 생각하는 것에 시간을 할애하지 못하게 막고 있는 것은 무엇인지 살펴보아야 한다.

만약 당신이 정말로 당신에게 문제가 되는 것들에 관해 기도하고 생각하며 글을 쓰는 데 시간을 얼마간 사용한다면, 당신은 삶의 단순화하는 데 큰 걸음을 내딛는 것이다. 당신에게 잘 되지 않는 일을 바꾸는 데 제일 중요한 것은 그것이 잘 되지 않는다는 것을 깨닫는 것이기 때문이다. 이번 주에는 연습과제 2를 통해 자기 삶의 조각들을 펼쳐보고 그 조각들을 좀 더 잘 짜 맞추는 시간을 보내기를 권한다. 일단 무엇이 중요한지가 분명히 정의되면, 그것은 당신이 원하는 것을 선택하기 위한 잣대로 사용될 수 있다.

연습과제 2: 중요한 것에 대해 생각하라

이번 주 당신의 예술가 노트에 연습과제 1번에서 적었던 항목 중 한두 가지를 선택해서 아래의 질문에 답하도록 하라.

1. 왜 이것이 나에게 중요한가?

2. 나는 이것을 위해 내 시간과 에너지를 집중해 사용하고 있는가? 무엇이 방해물인가?

3. 내 인생에 중요한 의미를 지니는 이것에 좀 더 정신을 쏟기 위해 내가 바꾸거나 포기해야 할 스케줄은 어떤 것인가?

나무를 위한 숲

현대인들에게는 수많은 선택 가능성이 있기 때문에, 자신에게 정말 중요한 것을 깨닫기가 매우 어렵다. 우리는 선택 가능성들, 유혹들, 충동적 자극제들, 의무들로 과다한 짐을 지고 있다. 많은 일과 약속 그리고 그에 따른 결정들을 생각해야 하기 때문에 실제로 그 일을 시작하기도 전에 탈진한다. 우리에게 닥쳐오는 많은 압박 때문에 어디에서부터 우리 삶을 단순화해야 할지 분명하게 알기 어렵다.

숲에서 잡목을 제거하기 위해서는 주로 두 가지 방법이 사용된다. 모든 것을 불도저로 넘어뜨리고 전기톱으로 잘라내는 완전 절삭법과 최상의 기간이 지났다고 여겨지는 나무들만을 골라내는 선별적 벌목법이 그것이다. 후자는 돌아오는 소득 없이 시간과 에너지를 가져가는 것들을 삶에서 솎아 내는 방법과 아주 흡사하다. 생명을 주는 것이 아닌 것들을 선택적으로 골라내면, 중요한 것들을 위한 좀 더 많은 공간을 얻을 수 있다. 그러면 그 공간에는 '건강한 나무들'이 자랄 수 있다.

내 친구 데이브는 홍보 분야에서 일하는 재능 있는 음악인이다. 미혼인 그는 수입이 많지 않다. 그래서 좀 더 나은 집에서 살기 위해 룸메이트를 구했다. 그는 룸메이트와 같이 살면서 재정적 부담은 어느 정도 덜었지만, 룸메이트에게 방해가 될까 봐 집에서는 편안하게 색소폰을 연습할 수 없었다. 그래서 그는 밴드 연주를 하면서 들어온 일정한 수입으로 이사를 하기로 결심했다. 재정 문제보다는 음악을 우선순위로 선택한 것이다. 그는 이제 언제든지 누군가에게 미안함을 느끼지 않고 연습할 수 있으며 현재는 꾸준히 음악인으로 일하고 있다. 아직 직장을 그만두지는 않았지만, 밴드 활동을 통해 벌어들인 약간의 돈으로 룸메이트가 없이도 재정적 부족을 메울 수 있게 되었다. 그는 인생의 한 부분을 솎아서 그에게 정말 중요한 것을 위한 공간을 마련할 수 있었다.

창조적 소명

가장 많은 장난감을 잃어버린 자

우리 인생의 숲을 가꾸는 한 가지 방법은 우리 소유물을 살펴보고 그중에서 없어도 살 수 있는 것들을 골라내는 것이다. 일레인 세인트 제임스(Elaine St. James)는 『단순한 삶을 살라』(*Living the Simple Life*)에서 "'혼란스러운 것을 없앤다'라는 의미는 당신에게 뜻 있는 것들을 버리라는 것이 아니다. 그것은 더 이상 당신의 인생에 공헌하지 못하는 것들을 버리고, 그 시간과 에너지와 공간을 당신의 인생을 위해 사용하는 것이다."라고 말한다.[2] 무엇을 간직하고 무엇을 버릴 것인가를 결정하는 것은 쉽지 않은 과제이다. 그러나 소유물이 당신을 속박하고 있다면 그 고리를 벗어 버려야 한다.

『일은 덜 하고 휴식은 더 많이 하라』(*Work Less, Play More*)의 작가인 스티븐 캐트린(Steven Catlin)은 "각자가 지닌 모든 소유는 시간과 돈이란 비용을 지불하게 한다."라는 소유의 법칙을 주장한다. 그는 피상적인 소유물들을 버릴 것에 관해 다음과 같이 충고한다. "모든 가진 것들을 비판적인 눈으로 살펴보라. 그리고 자문하라. '이것이 내가 (1) 필요한 것 혹은 (2) 정기적으로 즐기는 것인가?' 만약 정직하게 '그렇다'라는 답을 할 수 없으면, 그것을 '폐기처분'하라. '내년에 이것을 다시 쓰게 되지 않을까?'라는 질문 대신에 '작년에 내가 이것을 사용했던가?'라고 물으라."[3]

내 친구 낸시는 종종 완전히 버릴 결심이 서지 않은 물건들은 박스에 넣어 일 년 동안 창고에 보관한다. 그리고 일 년 후 박스에서 한 번도 꺼내지 않았던 것들은 유예 기간이 끝남과 동시에 자선단체로 보내 버린다. 당신의 삶에서 소유물을 없애는 방법은 무엇인가? 당신의 예술가 노트에 그 방법을 적어보라.

'정기적으로 사용하거나 즐기지' 않아도 정서적인 이유로 간직하고 싶은 특별한 물건들이 누구에게나 있기 마련이다. 25년 동안 모은 일기장들, 어느 날인가는 앨범에 정리하려고 모아둔 사진들, 특별한 공휴일에만 듣는 CD들, 음악악보들, 할머니의 도자기. 이것들은 정기적으로 사용하지는 않지만 간직하고 싶은 내 소유물이다. 그러나 이 중에 벽장, 책장 그리고 서랍을 어지럽히도록 놓아둘 필요가 없는 것들이 10가지 이상은 될 것이다. 소유물들에 지나친 감정을 갖지 않도록 조심하라. 당신은 간직할 값어치가 있는 것을 선택할 때 현명해야 한다. 우리의 소유물에 대해 덧붙여진 감정은 삶을 단순하게 만들 수 없을 뿐 아니라 성경적이지도 않다. 성경은 우리의 믿음과 신앙을 하나님께 두어야지 돈이나 소유물에 두어서는 안 된다고 경고한다. 마태복음 6장 19-21절에서 예수님은 "너희를 위하여 보물을 땅에 쌓아 두지 말라 거기는 좀과 동록이 해하며 도둑이 구멍을 뚫고 도둑질하느니라 오직 너희를 위하여 보물을 하늘에 쌓아 두라 … 네 보물 있는 그 곳에는 네 마음도 있느니라."라고 훈계하신다.

헨리 데이비드 소로는 『월든』(Walden)에서 "사람은 없이 지낼 수 있는 물건의 숫자에 비례해서 행복하다."라고 제안한다. 이는 지니고 싶은 소유물이 적을수록 그 사람의 삶은 부유하다는 것이다. 우리가 가진 것 혹은 우리가 가지기를 원하는 것 중에 진정 '없어도 살 수 있는' 것들은 얼마나 될까? 삶을 단순화하기 위해 우리의 소유물을 어떻게 정리할 수 있을까?

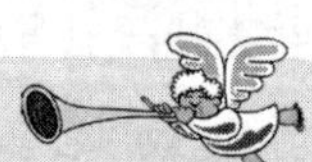

연습과제 3: 없어도 되는 것들

집안을 돌아다니며 없어도 큰 문제가 없는 것들을 모두 적어라. 아래의 빈 칸을 이용하거나 예술가 노트에 적어도 좋다.

____

____

____

____

____

창조적 소명

당신이 준비되었을 때, 없어도 되는 물건들의 목록을 보고 그것들을 주워 모으라. 창고 세일을 하거나 자선 단체에 연락해서 가져가도록 하라. 아직 준비되지 않았다면, 준비가 끝날 때까지 그 목록을 간직하거나, 혹은 한 해 정도를 유예기간으로 삼아 창고나 벽장에 넣어두라. 당신이 붙들고 있는 그 불필요한 '나무들' 때문에 당신 '숲'의 아름다움을 해치게 된다는 사실을 아는 것은 당신의 삶을 복잡하게 하고 있는 어지러운 것들의 일부를 없앨 수 있도록 도와줄 것이다.

온전히 정직하라

이 부분은 모든 사람에게 다 적용되지는 않으므로, 만약 당신이 철저하게 정직한 사람이라면 이곳은 넘어가도 좋다. 그러나 우리는 때때로 진실보다 거짓말을 할 때 상황이 더 유리해지는 것과 같은 느낌이 들 때가 있다. 하지만 한편으로는 거짓말을 하는 것이 삶을 더 복잡하게 만든다는 사실도 잘 알고 있다. 완전한 정직이라는 안전 지대에서 한 걸음 밖으로 나올 때마다 부정직을 감추기 위해 일을 더 복잡하게 만들기 때문이다. 일단 사실이 아닌 말을 뱉어 버리면, 그 이후에는 거짓말이 들통 나지 않게 하기 위해 관심과 에너지를 집중해야 한다. "오, 처음 거짓말을 하는 순간 우리는 얼마나 거미줄을 복잡하게 치고 있었던가."라는 옛말이 자신에게는 전혀 해당히지 않는다고 밀할 사람은 거의 없을 것이다. 온전히 정직하겠다는 약속은 비용 하나들이지 않고 우리의 삶을 단순화하는 법을 연습하는 것이다.

잠언 14장 2절은 "정직하게 행하는 자는 여호와를 경외하여도 패역하게 행하는 자는 여호와를 경멸하느니라."라고 말한다. 정말 단호하다. 또한 하나님께서 우리가 정직하기를 원하시는 이유도 명확하다. 우리가 부정직할 때 우리는 그에 대한 믿음의 부족을 드러낸다. 우리가 부정직함에 의존한다면, 그것은 우리가 '하나님을 가지고 노는 것'이다. 즉, 우리의 필요를 채워 주시는 하나님을 신뢰하기보다는 우리의 필요를 채우기 위해 진리를 왜곡하는 것이다. 부정직은 우리의 삶을 단순화하지 못하게 하는 말썽거리일 뿐만 아니라, 성령의 감동을 들이마시기에 필요한, 하나님과의 분명하고 열린 관계를 유지하기에 걸림돌이 된다. 온전한 정직은 삶에서 하나님과 더 건강한 관계를 세우고 성령의 감동에 조율을 맞출 수 있게 하며 동시에 불필요한 말썽거리를 제거하도록 만든다.

하나님이여 나를 살피사 내 마음을 아시며 나를 시험하사 내 뜻을 아옵소서(시 139:23).

삶을 단순화하는 것은 영적이고 신앙적 행위에 관한 문제이다. 그러므로 정직하게 살기를 선택하라. 삶의 전 영역에서 절대적인 정직을 약속할 때 우리는 거짓을 덮기 위한 거짓, 혼란, 무슨 말을 했는지를 기억해야 할 필요가 사라진다. 그리고 우리의 필요를 채워 주시는 하나님에 대한 신앙을 드러낸다. 완전히 정직하겠다고 그리고 당신의 삶을 덜 복잡하게 만들겠다고 자신과 약속하라. 불필요하게 다른 사람에게 상처 주지 않고 진리를 말할 수 있는 기술을 연습하라. 당신이 원하지 않는 일에서 벗어나기 위해 얄팍한 핑계를 만들어 내지 마라. 아프지 않다면 병가를 내지 말고, 결과에 따른 수입이 좀 줄어들더라도 개인적으로 무급휴가를 내도록 하라. 당신의 재정적 필요를 채워 주시는 하나님을 신뢰하며 직장의 것들을 '빌려' 오겠다는 유혹에 저항하라. 그리고 소득세의 공제항목을 사실보다 더 부풀리지 마라. 우리는 매일 아주 복잡한 삶에서 복잡한 사람들과 어울려 사는 복잡한 사람들이다. 이런 현실은 기본적으로 우리가 풀어야 할, 이미 충분히 엉켜 있는 실타래이다. 더 이상 만들어 보낼 필요가 없다. 말과 행동에서 완전히 정직하면 그 부정직을 덮기 위한 복잡성을 없앨 수 있다. 그러면 삶은 단순해진다. 그리고 기억하라. 우리 삶이 덜 복잡해질수록, 더 많은 시간, 공간과 에너지를 예술 활동을 위해 몰두할 수 있다.

창조적 소명

당신이 이 부분까지 읽었다면, 그리고 진짜 도전을 받을 용의가 있다면 연습과제 4를 예술가 노트에 적어 보라. 당신의 양심을 점검해서 완벽하게 정직하지 않은 방법들을 살펴보라. 어떻게 그 작은 부정직이 당신의 삶을 혼란스럽게 하는지 그리고 당신이 느끼지 못하는 사이에 당신의 예술을 저해하고 있는지 생각해 보라.

연습과제 4의 핵심은 자신과 하나님께 정직해지는 것이다. 이미 저지른 일을 되돌리기에는 너무 늦었거나 불가능할지 모르지만, 글로 고백하면 당신의 영혼과 당신 안에 있는 예술가에게 좋을 것이다. 또한 앞으로 정직하게 살겠다는 당신의 약속을 확고히 하는 데 도움을 줄 것이다. 그렇게 함으로써 당신과 당신의 뮤즈, 즉 하나님의 성령과 교통하는 데 필요한 통로를 열 수 있다. 우리가 기도나 글을 통해 죄를 고백하면, 우리는 공기를 맑게 하여 성령과 우리가 연합할 선을 다시 열어놓는 셈이다. "우리가 그에게서 듣고 너희에게 전하는 소식은 이것이니 곧 하나님은 빛이시라 그에게는 어둠이 조금도 없으시다는 것이니라 만일 우리가 하나님과 사귐이 있다 하고 어둠에 행하면 거짓말을 하고 진리를 행하지 아니함이거니와 … 만일 우리가 우리 죄를 자백하면 그는 미쁘시고 의로우사 우리 죄를 사하시며 우리를 모든 불의에서 깨끗하게 하실 것이요"(요일 1:5-6, 9). 이제부터 과거의 부정직에 대해 정직해지겠다고 결심하라. 하나님의 용서하심을 받아들이라. 앞으로 완전히 정직하기 위해 노력하라. 이런 행동들은 자신에 대해 더 낮게 여기고 당신의 삶을 정리하는 데 도움을 줄 뿐 아니라 좀 더 의식적이고 그리스도 중심적인 방법으로 당신의 예술을 위해 일하도록 당신의 시간과 의식을 열게 될 것이다.

연습과제 4: "오, 하나님, 깨끗한 마음을 주소서…."

시편 51편을 읽으라. 그리고 "내가 … 한 것을 아무도 알지 못한다."라고 시작하는 문장을 지어서, 한때 당신이 저질렀던, 특히 당신의 인생을 얽히게 만들었던 그 부정직한 일들을 고백하라. 잊지 마라. 이 고백은 누구와도 나눌 필요가 없다.

돈의 문제

사람들이 정직과 부정직 사이를 위태하게 걷는 이유 중 하나는 돈을 많이 벌지 못할 것에 대한 두려움 때문이다. 돈을 버는 것과 돈을 많이 벌고 싶다는 욕심은 창조적 에너지를 좀먹는다. 두려움과 근심은 어떤 이유에서나 창조적인 영혼을 죽인다. 염려는 많은 원천을 지니고 있고 여러 형태로 오는데, 적어도 그 일부는 하나님께서 "너를 떠나지 아니하시며 버리지 아니하실 것임이라"(신 31:6)라는 것을 믿지 못한 결과이다. 그러나 막 깨어난 예술가의 그룹에게 무엇이 자신의 예술에 완전히 몰입하지 못하게 만드는지 물어보면, 대부분은 "그것은 돈 때문이죠. 직장을 그만 둘 여유가 없어요. 집에 돌아오면 작품을 할 에너지가 남아 있지 않아요."라고 대답한다. 돈에 대한 걱정과 근심(에너지와 함께 우리가 살아가는 데 필요하다고 생각하는 돈을 버는 것)은 예술가의 활동을 마비시킨다.

아래에 있는 진술을 읽어 보라. 어딘가 낯익지 않은가?

① 예술 활동에 필요한 재료를 사는 데 들어가는 초기 비용에 대한 걱정이 있다.

② 예술 작품을 만드는 시간에 돈을 벌어야 할 것 같은 생각이 든다.

③ 생활비를 벌기 위해 일을 해야 하는데, 하루가 끝나면 너무 지쳐서 재능을 살릴 수 있는 일을 할 에너지가 없다. 너무 지쳐서 창조적이지 못하다.

④ 일을 덜 하고 예술 활동을 하며 '시간을 보내는 것'은 무책임하고 비현실적으로 보인다.

⑤ 시간을 모두 창작 활동에 들여도 그것으로는 한 푼도 벌지 못할 것이란 염려가 있다.

위에서 어느 하나라도 공감이 간다면, 재정 문제가 예술 활동에 집중할 자유를 억제하고 있는 셈이다. 따라서 이 부분에서 예술성을 개발할 자유를 줄 수 있도록 재정 분야를 단순화하는 세 가지 방법을 언급하고자 한다. 부채에서 벗어나기, 버는 것보다 적게 쓰기, 필요한 것을 위해 저축하기. 당신이 당신의 몫을 감당할 의사가 있다면, 하나님은 재정적 필요를 공급하실 것이다. 그리고 당신은 그가 원하시는 예술가가 될 자유를 얻게 될 것이다.

너희 염려를 다 주께 맡기라 이는 그가 너희를 돌보심이라(벧전 5:7).

돈에 관한 염려를 더는 한 가지 방법은 부채에서 벗어나는 것이다. 매달 갚아야 할 돈이 있다면, 돈을 벌어야 하는 부담감이 생기기 때문에 예술 창작을 위해 사용할 수 있는 시간을 빼앗기게 될 것이다. 연체에 대한 걱정, 채권자의 독촉, 신용 상태가 나빠지는 것 등은 모두 당신의 근심을 가중시킬 뿐 아니라 그 과정에서 당신의 창조적 에너지를 방출시킨다. 부채에 대한 근심은 당신에게 죄의식을 유발시키며, 죄의식은 창조성에 부정적인 영향을 미친다.

사람들이 스스로 갚을 수 있는 능력보다 더 많은 부채를 지는 이유는 쉽게 알 수 있다. 우리는 부채를 평범한 삶의 일부로 받아들이는 문화에서 산다. 새 차(혹은 중고차)를 신용 대출이 아닌 서축한 논으로 산다는 생각은 이미 옛날 사고방식이다. 한 연구에 따르면 개인 소비자들은 어느 때보다 많은 채무를 지고 있다. 평균 임금 소득자는 역사상 수입에 비해 어느 해보다 저축률이 낮다. 성인들은 더 많은 임금을 받기 위해 더 오랜 시간을 일하고 있지만, 평균 은퇴 연령을 훨씬 넘어서까지 일하며 그들의 남은 삶을 부채를 갚으며 살아간다.

전국적 신디케이트 칼럼니스트(syndicated columnist)인 엘렌 굳맨(Ellen Goodman)은 21세기 초에서 '보통 생활'이라고 받아들여지는 것을 이렇게 쓰고 있다. "보통 사람이란 직장에 나가기 위해 산 옷을 입고, 아직도 갚아야 할 할부금이 남아 있는 자동차를 몰고 운전하며, 그 옷과 자동차와 하루 종일 비워 두는 집을 위해 직장에 가는 사람이다."[4] 이게 어찌 된 세상인가? 왜 우리는 진정으로 필요치 않은 것을 더 많이 소유하기 위해, 그리하여 쌓아 두고 유지하고 결국에는 폐기해야 하는 것들을 위해 자신을 평생 갚아야 할 빚의 족쇄로 묶어 두려는 것일까? 이런 삶이 무슨 의미가 있는가? 불행히도 이것이 많은 미국인이 알고 있는 유일한 삶의 방법이다.

C. S. 루이스는 우리가 소비주의라는 함정에 어떻게 얽혀들어 갔는지 흥미로운 일갈을 했다. 『스크루테이프의 편지』(*The Screwtape Letters*)에서 사탄 스크루테이프는 자신의 제자인 웜우드에게 인간을 영원한 죄로 유혹하는 방법에 관해 이렇게 훈수를 둔다. 스크루테이프는 인간이 '번영' 추구에 중독되도록 하면 인간을 파멸의 길로 불러들일 수 있다고 말한다. 스크루테이프가 웜우드에게 하는 말을 들어보자.

> 번영은 사람을 세상과 짜깁기하게 한다. 인간은 '그 세상 속에 자신의 자리를 발견' 하고 있다고 느끼지만, 실제로 그 세상이 그들 속에서 자리를 찾는 것이다. 명성을 쌓아가고 사교의 범위를 넓혀가는 것, 자신이 중요하다는 의식, 그럴듯한 일에 몰두하게 하면서 늘어나는 일의 압박은 그 사람 안에서 이 지상이 진정 자신의 집이며 바로 그가 바라는 것이라는 느낌을 키워 준다.

루이스는 번영에 대한 우리의 관심이 우리를 세상 속에 얽매이게 만든다고 경고한다. 우리의 시간, 돈에 대한 관심이 우리를 안으로 향하게 하기보다는 돈을 벌기 위해 밖으로 향하게 하는 것이다. 우리는 '이 차의 할부금을 갚기만 하면' 혹은 '이 집의 대부금만 끝내면', '아이들을 대학까지만 보내면', '퇴직을 대비한 투자금만 충분히 모으면'이라고 말하지만, '하기만 하면'이라는 그날은 결코 오지 않는다. 비록 돈은 자신에게 필요한 안전감을 주는 도구일 뿐이라고 스스로 위안하지만, 실상은

창조적 소명

우리가 돈의 도구가 된다. 프랜시스 베이컨(Francis Bacon)은 "돈을 당신의 종으로 만들지 않으면, 돈이 당신의 주인이 될 것이다. 욕심이 많은 사람은 부를 소유하고 있다고 말할 수 없으며, 반대로 부가 그를 소유하고 있다고 해야 할 것이다."

돈을 뒤쫓는 그물에 걸리지 않고도 자신과 가족을 잘 부양할 수 있다. 당신이 필요한 것만을 사고, 가진 것만을 소비하며, 장래에 필요한 것들을 위해 번 것의 일부를 떼어 놓으면 된다. 데살로니가전서 4장 11-12절을 보자. "조용히 자기 일을 하고 너희 손으로 일하기를 힘쓰라 이는 외인에 대하여 단정히 행하고 또한 아무 궁핍함이 없게 하려 함이라." 부채에서의 자유로움은 세상이 아닌 하나님을 의지한다는 뜻이다. 그런 종류의 독립은 우리에게 진정으로 예술 활동을 시작하기에 필요한 시간과 자원을 줄 수 있다.

빚더미에서 벗어나는 방법

빚에서 벗어나고, 돈에 관한 당신의 관점을 바꾸는 것은 어려운 일이다. 그러나 당신이 노력한다면 둘 다 가능하다. 그렇게 하기 위해서는 이미 지고 있는 빚을 갚아 나가야겠다는 강한 결심과 그 과정에서 새로운 빚을 지려는 유혹에 저항해야 한다. 아래에는 당신이 빚에서 자유로워지고 그로부터 안정감을 얻기 위해 할 수 있는 일들이다.

① 모든 소비자 채무를 가장 금리가 낮은 대부로 통합하라. 이렇게 하면 한 달에 여러 번 나누어 내던 것을 한 번에 낼 수 있다.

② 통합을 하고 나면, 항상 그 달에 낼 최소의 금액보다 더 많이 갚아가라.(당신이 실제로 산 가격에 이자와 서비스료를 더해 보면 빚을 가능한 빨리 갚는 것이 얼마나 이익인지 알 수 있다.) 빚을 다 청산하기 전까지 당신은 신용카드 회사의 노예이다.

③ 신용카드는 단 하나만 남기고 그 잔액도 마이너스가 되지 않도록 유지하라. 매달 돌아오는 결제일에 상환액이 밀리지 않도록 하라. 그달에 결제를 다 할 수 없는 상황이 생기면, 다시 상환잔액이 영이 될 때까지는 신용카드를 사용하지 마라. 그래도 월별 자금 사용에서 매달 상환할 수 있을 정도를 유지하기가 어렵다면, 아예 신용카드를 잘라 버리고 현금만 사용하도록 하라.

④ 거주할 집을 사기 위해 대출을 얻는 것을 제외하고는 부채를 지고 물건을 구매하지 마라.

소득의 정도에 상관없이 기도로 무장하면 부채에서 빠져나올 수 있다. 일단 그렇게 빚에서 벗어나도 재정적으로 팍팍해질 때, 지불해야 할 돈이 어디에서 올 것인지를 염려하지 마라. 단지 현상 유지가 가능하도록 돈의 사용처를 줄여야 할 것이다. 언제나 그렇듯이 염려나 걱정에서 자유로워져야 자신의 재능을 발전시킬 시간과 집중력을 얻을 수 있다.

소비를 줄이라

사무엘 존슨(Samuel Johnson)은 "얼마를 가지고 있든지, 조금 사용하라."라고 말한다. 그 말을 다르게 풀어 보면, "얼마를 벌든지 적게 쓰라."가 된다. 이 말은 듣기에는 간단하게 들릴지 몰라도 실제로는 그렇지 않다. 미국인들은 '사고 싶은 물건의 목록'을 끊이지 않고 쏟아 내는 미디어의 영향 때문에 자신의 수입보다 더 많이 소비한다. 간편해진 신용카드의 발급과 동시에 효과적인 광고는 우리를 재정적 노예와 '물건'의 소유를 추구하도록 한다. 일레인 세인트 제임스는 그 달에 완불할 수 없는 것을 결코 사지 않는다면 우리는 소비를 급격히 줄일 수 있다고 말한다. 그리고 그녀는 상세한 구매목록 없이는 쇼핑을 하지 말고, 그 목록에 없는 것은 절대 사지 말며, 상점 쇼윈도에 진열한 것을 보기 전에는 있는지도 몰랐던 물건은 결코 구

창조적 소명

매하지 말라고 충고한다.[5] 나는 거기에 TV를 적게 볼수록 충동적 구매를 자극하는 광고를 적게 보게 될 것임을 덧붙이고 싶다.

필요한 것을 위해 저축하라

일단 빚의 압박에서 빠져나와 버는 것보다 덜 사용하기 시작하면, 많은 현금을 미래를 위해 저축할 수 있다. 이것이 고통 없이 돈을 모을 수 있는 유일한 방법이다. 빚을 갚고 나면(예를 들어, 자동차 할부) 그 월부금을 저축계좌로 돌려 다음에 필요한 자동차를 사기 위한 돈을 모으도록 하라. 재정 전문가는 또한 '먼저 저축하라.'라고 말한다. 아무리 적은 금액이라 하더라도 전혀 손대지 않고 충동구매를 위해 사용하지 않는다면, 상당한 금액을 모을 수 있다. 이렇게 스스로 훈련할 수 있다면 돈을 빌리는 데 사용했던 경비로 이자 수익을 올리면서 당신의 통장에 돈을 저축할 수 있다.

저축하는 습관이 생기면, 여기저기에서 조금씩이라도 돈을 모아 훌륭한 노후자금을 마련할 수 있는 방법들을 찾을 수 있을 것이다. 나는 연말이 되면 그 해에 사용한 카드 사용액에 따라 '캐쉬백'을 주는 신용카드를 통해 저축하는 방법을 발견했다. 나는 항상 카드 사용액을 매달 결제하기 때문에 그 금액이 얼마가 되든지 간에 한 푼도 이자나 수수료는 지급하지 않는다. 그리고 매달 사용처를 각 항목별로 분류한다.(이는 지출을 줄여야 할 부분을 깨닫고 세금 환급을 준비하는 등 예산을 잡는 데 좋다.) 게다가 그 카드는 연회비가 없기 때문에 카드를 사용하기 편리할 뿐 아니라 연말이 되면 공짜로 멋진 수표를 받을 수 있다.

연습과제 5: 내가 원하는 것

우리는 이 장을 시작하면서 우리에게 중요한 것이 무엇인지를 살펴보았다. 시간이 필요하고 관심은 있지만 삶에서 덜 중요한 것은 버림으로써 복잡한 삶을 던져 버리는 방법에 관해 토론했다. 그리고 마지막으로 우리는 좀 더 분별력 있게 재정을 관리함으로써 삶을 단순하게 살기로 결심했다. 마지막 연습과제는 지속적으로 행해야 할 것일 뿐 아니라 꼭 필요하지 않은 것에 돈을 사용하고 싶다거나 삶을 더 복잡하게 만들 충동이 들 때마다 노트에 쓸 수 있는 좋은 소재이다.

먼저 정말 사고 싶었던 것을 떠올리라. 그것이 새 운동화이거나 새 차이거나 집을 리모델링하는 것일 수도 있겠다. 당신이 원하는 것이 그저 새 옷 한 벌이거나 잡지 구독이라 하더라도 이 연습에 적용해 보라. 예술가 노트에 그것을 사야 할 이유와 사고 싶은 이유를 모두 적어라. 그 다음 그것이 '그만한 여유가 없음'이라는 분류에 속한 것이라면, 그것을 사면 안 되는 이유를 적어라.

이번에는 달력으로 가서 이 과제를 한 날로부터 6주가 되는 날을 찾아서 이렇게 기입하라. "새 차 구매" 혹은 "샌들 구입" 혹은 6주 후에 당신이 사고 싶은 것이 있다면 무엇이든 적어라. 그 날이 되었을 때 아직도 그것을 사고 싶은 마음이 있고 재정적으로 어떻게 관리할 것인지 정리할 수 있다면 가서 사도록 하라. 이렇게 구매 행위를 연기하면 그 물건에 대한 필요를 더 이상 느끼지 못할 경우가 많이 있다는 것을 알게 된다. 만약 여전히 구매 욕구를 느낀다면 그 구매 욕구는 정당한 것이다. 당신은 이미 그것을 충분히 생각했고, 그것을 살 돈을 저축할 시간이 있었을 것이며, 그것을 사기 위해 빚을 지는 경우는 적어질 것이다. 이렇게 습관을 들이면, 당신에게 재정 문제는 줄어들 것이다. 재정문제가 당신과 당신의 시간 사용을 지배하고 있다는 느낌보다는 당신이 재정을 장악하고 있다는 느낌을 경험할 것이다.

돈을 사랑하지 말고 있는 바를 족한 줄로 알라 그가 친히 말씀하시기를 내가 결코 너희를 버리지 아니하고 너희를 떠나지 아니하리라 하셨느니라(히 13:5).

나는 작년에 약 백 달러 정도의 수표를 받으면서 그 회사가 제공하는 제안을 받아들이기로 결정했다. 그 제안은 현금 대신 여러 회사가 제공하는 쿠폰을 받으면 '캐쉬백'을 두 배로 해 주겠다는 것이었다. 하지만 문제는 그 쿠폰들은 사용 기한이 있었기 때문에 쿠폰이 없었다면 사지 않았을 것들을 사는 데 있었다. 머릿속에서 는 쿠폰 사용 기간이 자꾸 생각나서 이것이 스트레스로 작용했다. 그래서 올해는 쿠폰 대신 수표를 받아 바로 저축 구좌에 넣었다. 내 저축액이 늘어나는 것을 보는 기쁨은 쿠폰으로 살 수 있는 그 무엇보다 훨씬 값진 것이었다.

계획된 구매나 있을 수 있는 응급사태를 대비한 돈을 따로 떼어 둠으로써 근심 없는 마음이 주는 자유를 느낄 수 있을 것이다. 삶에서 재정적인 염려가 사라질 것 이고 그 값진 평온감은 예술 창작을 위한 자신감으로 전환될 것이다. 하나님은 "너 희를 향한 나의 생각을 내가 아나니 평안이요 재앙이 아니니라 너희에게 미래와 희 망을 주는 것이니라"(렘 29:11)라고 말씀하셨다. 하나님은 우리가 번창하기를 원하시 며, 우리에게 소망과 미래를 주고자 하신다. 우리가 소비를 통제하는 방법을 배움으 로써 저축을 늘려 나가는 것은 하나님이 우리의 필요를 채우신다는 믿음의 행위이 다. 긴급 사태나 살 것을 위해 약간의 돈을 떼어 놓게 되면 확실히 미래에 관한 소 망을 지닐 수 있다. 게다가, 저축은 좀 더 적은 것들로 만족하는 방법을 깨닫게 해 준다. 또한 어떤 물건을 살 여유가 생길 때까지 구매를 늦춤으로써 오는 평화를 발 견할 수 있는데, 이는 단순한 삶을 향한 커다란 걸음을 내딛는 것이다.

수잔 필그림은 "단순한 삶을 사는 것은 사회적 지위, 물질적인 것들, 과도한 활 동을 자제하여 정말 당신에게 중요한 것을 할 더 많은 시간과 기회를 지니는 것이 다. 당신은 의미 있는 삶을 살 수 있다. 그것도 편안하고 평화롭게 그리고 단순하 게."[6]라고 말한다.

『단순한 삶을 살기 위한 안내서』(*The Simple Living Guide*)의 작가이자 출판인인 자넷 루허스(Janet Luhrs)는 단순화와 창조성을 이렇게 연결시킨다.

창조성은 당신의 삶이 개선되도록 새로운 방법으로 사물을 바라보고 일하기 위해 상자를 열고 옆면을 내려서 쫙 펴는 것이다. 당신이 부채에 덜 시달릴수록, 시간 약속과 자질구레한 일들이 적을수록 당신은 더욱 혁신적인 해결책을 생각할 수 있을 만큼 자유로워진다. 이것이 바로 새로운 길을 발견하는 기쁨이요, 우리의 에너지를 새롭게 유지하는 방법이 아닌가.[7]

"상자를 열고 옆면을 내려서 쫙 편다."라는 말은 하나님이 당신을 더 큰 목적을 위해 부르셨다는 것과 그분이 자신과 함께 공동 창작자가 되도록 당신을 부르셨다는 것을 믿는 것이다. 자신의 삶을 단순하게 하는 일에는 모험이 따른다. 그리고 그것은 그분의 창조적 부름(creative call)에 응답하기 위한 당신의 필요를 하나님께서 채워 주실 것을 믿는다는 의미이다.

우리가 알거니와 하나님을 사랑하는 자 곧 그의 뜻대로 부르심을 입은 자들에게는 모든 것이 합력하여 선을 이루느니라(롬 8:28).

이러한 일들을 생각하라

내 여호와여 주의 도를 내게 보이시고 주의 길을 내게 가르치소서 주의 진리로 나를
지도하시고 교훈하소서 주는 내 구원의 하나님이시니 내가 종일 주를 기다리나이다
(시 25:4-5).

당신은 이제 이 책의 결론 부분까지 왔다. 그러나 예술가의 삶을 만들어가겠다
는 당신의 노력은 여기서 끝나지 않기를 바란다. 당신이 개발한 그 습관과 실천들
은 미래의 삶에서 당신의 일부가 될 수 있다.

마지막 연습과제는 당신이 이 책을 읽으면서 가장 의미 있었던 내용과 통찰력
을 의식 수준으로 끌어내는 것이다. 당신이 예술가 노트에 기재할 만큼 중요하다
고 생각했던 것을 다시 보면, 성령께서는 그의 감동을 들이마시는 당신에게 중요
한 진리를 내보여 주실 것이다.('새로운 시작'이라는 부록에서 설명할 예술가 묵상회 프로그
램으로 선택할 수 있다.)

이 연습과제에서 가장 어려운 것은 당신의 선택을 3개로 줄이는 것이다. 그러
나 더 중요한 것에 집중할 수 있도록 선택을 줄여 나가는 것이 이 책의 주제이기
도 하다.

① 당신의 예술가 노트 전체를 읽으라. 거기에 시간을 들이고 즐기라.(글을 읽기에 조용하고 아름다운 곳으로 가서 숨쉬기 운동의 하나로 삼아라.)

② 가장 의미 있다고 생각한 것에 밑줄을 그어라.

③ 밑줄 친 부분을 다시 읽어 가다가 이 책에서 당신이 얻고 싶은 3가지를 선택하라. 기억할 만큼 값진 것이 무엇인가? 되돌아가서 다시 하고 싶은 활동은 무엇인가? 당신에게 '가장 영향을 준 것들' 3가지를 짤막하게 설명하라. 당신이 만약 그룹에 속해 있다면, 그 그룹의 마지막 모임이나 예술가 묵상회에서 당신의 통찰력을 나누도록 준비하라.

____

____

____

____

어느 책이나 어떤 교육 과정에서도 결론 부분에 도달하면 너무 많은 결심과 감동으로 넘쳐난다. 그러나 시간이 지나면 그 속에서 우리가 진심으로 중요하다고 여겼던 것들은 잊히고 익숙한 옛날 방식으로 되돌아가곤 한다. 그러나 당신이 이 책에서 실천하고 싶은 3가지를 선택한다면, 당신은 삶을 단순하게 하는 기술을 연습할 수 있다. 당신은 또한 배운 것을 지속할 수 있는 확률을 향상시킬 수 있다. 만약 이 3가지 방법이 당신의 삶을 바꾸어 당신 안에 내재한 예술가를 좀 더 현실적으로 만들 수 있다면, 당신의 삶은 처음 이 책을 펼쳤을 때보다 더 완전해질 것이다.

끝으로 형제들아 무엇에든지 참되며 무엇에든지 경건하며 무엇에든지 옳으며 무엇에든지 정결하며 무엇에든지 사랑 받을 만하며 무엇에든지 칭찬 받을 만하며 무슨 덕이 있든지 무슨 기림이 있든지 이것들을 생각하라(빌 4:8).

우리는 시간의 창조에 대한 요한의 장중한 묘사로 이 책 『창조적 소명』을 시작했다. 그리고 이제는 바울의 말로 이 책을 끝맺고자 한다. 이 구절은 모든 문학작품 중에서도 가장 아름다운 구절 중 하나일 것이다. 내가 위의 성경 구절을 선택한 이유는 단순한 삶, 예술가적 삶이 무엇인지를 잘 대변하고 있기 때문이다. 그것은 시간, 재물, 일, 여가 그리고 소유물 선택이라는 '정신적 선택'이다. 단순함은 순수함이다. 그것은 분명함과 투명성이며, 복잡함과 갈등의 부재이다. 그것은 평화, 고요함, 평정이라는 의미를 지니고 있다. 단순함은 태풍의 눈에서의 평안이며, 산처럼 울부짖는 파도가 높이 치는 바다에서 만난 항구이다. 예술에 붙잡혀 있는 예술가에게는 그날의 모든 염려와 걱정이 사라지는 장소이다.

성령이 그 중심에 있는 예술가는 "무엇에든 참되며 … 경건하며 … 옳으며 … 정결하며 … 사랑"스럽다. 왜냐하면 "무슨 덕이 있든지, 무슨 기림이 있든지," 그 일을 섬기기 위해 자신은 죽고 성령의 온유하신 인도하심을 따르는 예술가는 "이러한 것들을 생각할 것이며," 마음으로 연주하는 삶을 사는 법을 배우게 될 것이기 때문이다.

우리의 소명은 그저 존재하는 것이 아니라, 우리 자신의 생명, 정체성 그리고 자신의 운명을 창조함에 있어 하나님께 협력하는 것이다.

_토마스 머톤(Thomas Merton), *New Seeds of Contemplation* 중에서

이 책을 혼자 읽어 나가거나 창조적 소명 워크숍을 통해 그룹을 인도할 때마다 나는 곤혹스러움을 느낀다. 그것은 마치 재미있는 소설을 읽을 때의 경험과 같다. 마지막 이야기가 어떻게 끝날지 무척 궁금하지만, 한편으로는 다 읽어 버리기 싫은 마음이 드는 것이다. 이 창조적 소명 연구의 마지막은 내 삶의 변화를 이루겠다는 확신을 가지고 하나님이 나에게 주신 그 재능에 계속 집중하는 것이라고 생각한다. 그룹의 리너로 '창소석 부름을 받은 자들'과 함께 8주를 보내고 난 후 나는 회원들과 큰 동질감을 느낀다. 그래서 그들을 학생들로서뿐만 아니라 친구로 여기기도 한다. 이 책을 통해 창조적 정신이 이제 막 시간을 내어 단순하게 살겠다고 결심한 많은 이에게 흐르기 시작했다. 일단 그 과정이 끝나면, 매주 나 자신을 위해 시간을 더 많이 만들고 삶을 단순하게 하려고 하지만, 나는 아직 '책을 내려놓을' 준비가 되지 않았다. 그러기에 혼자서, 가까운 친구 하나, 둘과 함께 혹은 창조적 소명 그룹과 함께 정말 '감동적'으로 이 책의 연구를 끝내는 방법인 묵상회를 가곤 한다.

왜 이제 와서 묵상회인가?

창조적 소명 연구의 피날레로 묵상회(Retreat)를 계획하거나 참석하기로 결심하기 전에, 왜 그렇게 오랫동안 사람들이 묵상회를 갱생의 중요한 도구로 여겼는지 생각해 보라. 사람들은 여러 이유로 묵상회를 갖는다. 오래 전 그리스도는 광야에서 사십 일을 보내셨으며, 영적 구도자들은 자신을 일상생활의 소란에서 지키기 위해 격리된 생활을 하곤 했다.('격리'란 단어는 원래 40일이란 기간을 뜻하며 후대에야 '고립'이란 뜻을 지니게 되었다.) 이러한 격리는 묵상회를 하는 사람이 하나님의 음성을 듣고 자신의 삶을 어떻게 살 것인지에 관해 더욱 뚜렷한 비전을 찾기 위해 기도와 금식을 하기 위한 것이었다. 그것은 그들이 지내 왔던 죄 된 일들에 대하여 그리고 하지 못했던 선한 일들에 대해 참회하는 것이었다. 그들은 고독의 40일을 보내고 집으로 돌아올 때면 새로운 기분으로 앞날에 대한 각오와 하나님이 원하시는 삶을 살겠다는 약속을 할 수 있기를 희망했다.(비록 40일 동안 전혀 음식을 안 먹는다는 것은 극히 열심인 경우에만 가능할 것이라고 믿어지기는 하지만, 그래도 몇 파운드 정도는 가벼워진 몸으로 돌아올 것이다. 대개 회교도들이 라마단 기간에 하는 것처럼 격리에 들어간 사람들은 해가 진 다음에 식사를 한다.)

최근에는 개인 묵상회에 관심을 보이는 사람들이 많아졌다. 수도원의 게스트하우스나 묵상회 시설은 반 년 정도 이미 예약된 경우도 종종 있다. 사람들은 하루, 주말 혹은 그보다 더 긴 기간 동안 묵상회를 갖기도 한다. 여러 해에 걸쳐 한 번에 몇 개월씩, 캐슬린 노리스(Kathleen Norris)라는 작가는 평신도로서 베네딕틴 수도원에서 산다. 그녀는 자신의 경험을 『수도원 회랑의 산책』(*The Cloister Walk*)이라는 책으로 펴냈다. 내가 사는 마을의 교회 목사님이자 내 친구는 해마다 여러 해야 할 일을 제쳐두고, 하나님의 말씀을 듣고 자신의 영을 새롭게 하기 위해 일주일간 침묵의 묵상회를 하러 트라피스트(Trappist) 수도원으로 간다. 매해 휴가를 가듯 묵상회를 계획하는 사람들도 있다. 묵상회를 가는 기간이 얼마가 되든지 상관없이 그 목적은 일상생활의 방해를 받지 않고 하나님의 말씀을 듣고 하나님과 대화하기 위해서이다. 그 기간은 당신의 헌신, 즉 하나님이 당신에게 주신 예술적 재능을 사용하기 위한 당신의 약속을 구체화하는 데 도움을 줄 것이다.

목적 있는 묵상회

묵상회(Retreat)란 '은둔, 은퇴 혹은 고독의 기간' 혹은 '기도, 명상 그리고 연구를 위해 침잠하는 기간'이다. 묵상회를 갖는 것은 '평화, 침묵, 사생활 혹은 안정감을 줄 수 있는 장소'를 경험하기 위해 시간을 조각해 내는 것이다. 묵상회는 당신이 『창조적 소명』을 읽어 가는 동안 하나님이 당신 속에서 시작하신 선한 작업을 마무리하는 단계이다. 고독, 침묵 그리고 혹은 교제의 특별한 시간은 당신에게 어디로 가야 할지에 관한 비전을 줄 수 있다. 그것이 내가 이 장을 부록 혹은 에필로그라하지 않고 새로운 시작이라고 한 이유이다. '새로운 시작'에서 우리는 진정 '시작'할 수 있다. 이 과정을 묵상회로 끝내면, 진실한 시작을 위한 기념회가 될 수 있다. 즉, 좀 더 창조적 개인으로서 당신의 삶을 새로이 시작하기 위한 구별된 시간이 될 수 있다.

예술가 묵상회의 목적은 두 가지다. 첫째, 묵상회는 당신의 창조적 소명 연구의 절정으로 조용하고 질적인 시간을 통해 자신의 예술가 노트를 다시 읽어 보고, 자신이 배운 것을 숙고하게 한다. 어떻게 예술가로 성장할 것인지에 관해 당신은 하나님께서 보여 주기 원하시는 방법을 찾게 될 것이다. 둘째, 묵상회를 통해 당신은 졸업식과 같이 스스로를 위한 의식을 만드는 경험을 할 것인데, 이 의식을 우리는 지명식이라고 부를 것이다.

당신이 이 책을 읽고 연습과제를 해 나가는 것에 시간과 에너지를 쏟았다면, 스스로에게 묵상회라는 선물을 줄 자격이 있다. 어떤 독자들은 "그럴 시간이 어디 있어. 종일 직장에 매여 있는 싱글맘인데, 어떻게 주말에 혼자 묵상회를 가겠어."라고 생각할지 모르지만, 그런 사람들은 7장과 8장으로 돌아가 내가 그런 생각에 어떤 대답을 했는지 알아보도록 하라. 비록 아이들이 학교에 간 단 하루의 4시간만이라도 묵상회를 위해 투자할 수 있다면, 그 시간만큼은 세상에서 떠날 수 있다. 그룹에 속해 있지 않다면 혼자, 혹은 가까운 친구와 함께 근처의 공원이나 야외로 나가라. 집과 직장을 떠나 이 책을 통해 당신이 배운 것을 생각해 보는 질적인 시간을 보냄으로써 당신은 하나님이 디자인하신 예술가가 되겠다는 결심을 공고히 할 수 있다. 바쁜 일상생활 중에 묵상회를 갈 시간을 내기 위해서 우리는 그런 경험은 '은둔', '고독' 그리고 '의미'라는 세 가지 주요한 요소를 포함한다는 것을 알아야 한다.

'은둔'. 정말 다급한 상황이 아니라면 일상생활로 쉽게 돌아갈 수 없을 만큼 충분히 멀리 떠나야 한다. 이는 이곳은 즐겁고 기분 좋으며 머물고 싶은 장소라는 생각을 불러일으킬 것이다. 가능하다면 묵상회를 위해 설계된 곳이면 좋겠다. 이곳은 음식과 숙박시설이 제공되고 산책, 휴식, 글쓰기와 묵상 그리고 기도하기에 좋은 곳이어야 한다는 의미이다. 위치가 반드시 도시에서 떨어져 있어야 할 필요는 없지만, 나는 개인적으로 숲이나 해변 그리고 산속이나 호숫가 혹은 수도원에 있는 장소를 선호한다. 매일 풍경에 커다란 변화가 있으면 묵상의 경험이 강화된다.

'고독'. 묵상회를 단체로 간다고 하더라도 혼자 시간을 많이 보내야 한다. 내가 참석했던 묵상회 중에는 너무 많은 활동, 연사, 워크숍 그리고 예배로 가득 차 있어 집에 돌아올 때는 떠날 때보다 더 기진맥진했던 적이 많았다. 좋은 묵상회는 각 참가자들이 혼자 보내는 시간을 많이 가질 수 있도록 배려하는 것이다.

각 참가자는 다른 사람의 고독과 침묵할 권리를 존중한다. 묵상회는 한 사람을 위한 심리치료를 위해 다른 사람을 희생시켜서는 안 된다. 각 활동은 개인적인 성장을 권고하도록 기획해야 하지만, 묵상회가 다른 사람의 문제를 듣고 이를 해결하는 시간이 되어서는 안 된다. 각자 하나님과 친밀한 시간을 보내야 한다. 그런 친밀함은 고독한 시간을 요구한다. 혼자서 묵상회를 간다면 고독의 시간은 문제되지 않을 것이다. 그러나 이 책을 그룹으로 해 왔고, 또 함께 묵상회를 갈 것이라면 모든 참가자는 고독할 수 있는 권리를 존중해야 한다.

'의미'. 이 책을 마치고 혼자 묵상회를 보낼 작정이라면 하나님과 의미 있는 시간을 경험할 좋은 기회를 얻게 될 것이다. 당신은 시간을 들여 8주 동안 당신이 예술가 노트에 기재한 것을 읽고, 전에는 시간이 없어 쓰지 못했던 글을 쓰며, 하나님께 기도하고 대화하며, 하나님이 당신의 예술에 대해 말씀하시는 것을 들을 수 있다. 우리 중 주말이나 그 이상의 시간을 혼자 지내면서 고독한 묵상회가 그 자체로 의미 있도록 할 만큼 과감한 사람은 별로 없다. 당신이 단체로 묵상회를 간다면 당신이 선택하는 그룹 활동은 의미가 있고, 목적이 있으며, 단순한 '시간 때우기'가 아니어야 한다. 나는 잘 짠 프로그램을 선호하지만, 그것의 참여 여부는 개인의 선택에 맡기기를 원한다. 묵상회에서 하나님과 자신만의 시간이 필요한 개인에게 프로그램에 참석하도록 혹은 어떤 활동을 하도록 압박하지 말아야 한다.

당신이 단체로 참석할 계획이라면 미리 당신에게 중요한 것에 관해 자신의 생각을 나누도록 하리. 사전에 이렇게 오픈하고 나면 당신이 바라던 그 경험을 즐길 수 있을 것이다. 혼자 간다 해도 자신이 진심으로 원하지 않거나 할 필요가 없는 일들로 묵상회를 꽉 채우지 않도록 아래의 목록을 작성하라. 아래 공간에 경험하고 싶은 긍정적인 일들과 경험하고 싶지 않은 부정적인 일들을 적어 보라.

경험하고자 하는 긍정적인 면들　　　　경험하고 싶지 않은 부정적인 면들

____

____

　　이 목록은 당신과 당신의 그룹이 가장 유익한 묵상회 경험을 하도록 도움을
줄 것이다.

모든 것을 한 곳에 모으라

　　이번에는 창조적 소명 묵상회를 성공적으로 하기 위해 필요한 핵심적 사항을
다룰 것이다. 그룹 활동이 아닌 혼자 이 책을 읽은 사람이라면, 이 장의 나머지 부
분에서 하는 제안은 당신에게 적용되지 않을 수 있다. 만약 지금부터 당신이 예술
활동에 시간을 내겠다는 결심을 하고 그것을 위한 의식이나 기념회를 하겠다는 생
각이 있다면, 묵상회에 친구 한두 명을 초대해 보도록 하라. 그들이 미리 이 책을
읽을 필요는 없지만, 읽고 온다면 도움이 될 것이다. 함께 있기 편한 사람, 또 하나
님과 시간을 보내기 원하는 사람이라면 누구나 함께할 수 있다.

구별된 공간

　　묵상회를 위한 장소는 참석자들이 쉽게 갈 수 있고 그들의 다양한 스케줄을 수
용할 수 있는 시설이 좋은 곳을 선택하도록 하라. 내가 사는 곳에서 한 시간 정도
운전하면 묵상회를 하기에 좋은 장소가 몇 개 있다. 그런 곳은 일일 묵상회를 할 수
있을 만큼 가까이 있지만, 한편으로는 밤을 보낼 만큼 충분히 멀리 떨어져 있다. 당

신과 당신 그룹의 사람들이 집으로부터 마요네즈를 못 찾겠다는 전화를 받지 않도록 하기 위해서는 적어도 한 시간 정도 멀리 떨어진 곳에 장소를 잡는 것이 좋다. 또한 핸드폰은 차 안에 두거나 꺼놓는 것도 좋은 방법이다. 핸드폰이 없었던 때를 생각해 보라. 장소에 도착하면 집으로 전화해서 비상 전화번호만을 알려 주어도 될 것이다. 그렇지 않다면, "아빠, 형이 내 치아교정기 가지고 장난쳐요!"라고 귀가 떨어져 나갈 것 같은 전화를 받아야 할 것이다.

(다시 한 번 더) 시간의 문제

이 묵상회를 위해 당신이 얼마의 시간을 가질 수 있는지 결정하라. 그룹으로 간다면 당신 그룹의 사람들과 특별한 시간에 무엇을 함께할 것인지 합의하라. 나는 다음 네 가지 활동을 권한다.

① 자신의 예술가 노트를 읽는 혼자만의 시간

② 당신이 속한 그룹의 목적과 맞는다면 워크숍 한두 가지 정도

③ 예배의 마지막 부분에 지명식(아래에 설명된) 갖기

④ 이 책을 함께해 온 그룹과 숙박을 한다면 즐거운 교제의 시간 갖기

아래 두 질문에 관한 당신의 답변을 적어 보라.

나의 예술가 노트, 개인적인 생각, 기도, 휴식 그리고 낮잠으로 혼자 보내고 싶은 시간은 어느 정도인가?

나는 묵상회 경험의 일부로, 당신의 예술가 노트에 적혀 있는 것들을 모두 읽고 밑줄 치는 시간을 두세 시간 정도 갖길 바란다. 그 다음에는 당신이 창조적 소명 과

정을 통해 배운 것을 적어 보기를 권한다. 8장에 있는 '과거를 반성하고 미래로 나아가'를 지침으로 삼을 수 있다. 만약 당신이 그룹 묵상회에 참가한다면, 이 연습을 통해 각자가 얻은 것을 나눌 시간을 가지라.

당신은 묵상회를 하는 동안 창조적인 실습 활동을 하길 원하는가?

그룹의 다양한 참가자들이 자신의 재능을 이용해 평소에는 관심이 없었던 예술 분야를 다른 사람들에게 가르치는 워크숍을 한두 시간 정도 할 수 있다. 나는 시각 예술가이자 작가이다. 나는 내 친구인 잰 리차드슨과 함께 작가 묵상회를 간 적이 있다. 그녀는 항상 구체적인 주제로 글을 쓰고 그것들을 콜라주, 연필화나 유화로 표현했다. 꼭 집어 미술 시간은 아니었지만, 작가들은 글이 아닌 다른 매개체로 자신을 표현할 수 있는 기회를 얻었다. 그와 마찬가지로 시각 예술가들은 표현의 매개체로 글쓰기를 탐색해 볼 기회가 생겼다.

묵상회를 하는 동안, 시각 예술가들은 자서전이나 다른 창조적 글쓰기 혹은 시작(詩作) 시간에 참여하기를 원할 수 있다. 도자기 공예에 참가한 작가들은 분위기를 바꾸어 단어가 아닌 좀 더 형태가 있는 것들을 자신의 손으로 만들어 내는 것에 즐거워할 것이다. 컴퓨터 전문가는 한 번에 한두 작가들과 함께 포토샵이나 페인트 프로그램을 어떻게 사용하는지 시연해 보일 수도 있다. 혹은 참가자들은 혼합된 매개체를 창조하기 위해 모든 종류의 '발견한 오브제'(found objects)를 가지고 여러 예술가들과 합작품을 만들 수도 있다. 당신 그룹의 사람들과 협의해서 한두 사람이라도 그 세션을 인도할 의사가 있는지 알아보라. 묵상회 기간에 따라 실제로 할 수 있는 활동들과 그 활동에 대한 관심도를 알아보도록 하라. 나는 묵상회에서 적어도 세 시간 정도를 이 프로그램에 허용하기를 추천한다.

혼자 묵상회를 간다면 미술 도구를 좀 챙겨 가도 좋다. 잠깐 시간을 내어 평소에 사용하지 않았지만 한번 도전해 보고 싶었던 창작 방법을 실험해 보라. 이렇게 해서 당신은 창조적 표현의 새로운 길을 걸어 볼 수 있다. 『우뇌로 그림 그리기』(*Drawing on the Right Brain*)이란 책은 당신이 시각 예술가의 새내기로 발을 적시는 데 도움을 준다.

창조적 소명 활동을 마치는 다른 방법은 지명식으로 묵상회의 마지막을 장식하는 것이다. 이제 이 지명식이 무엇인지 알아보자.

지명식

교사 생활을 시작한 지 23년째 되던 해였다. 5학년 학생들은 그 학기 내내 해 오던 '미래학' 활동의 정점으로, 로이스 로우리(Lois Lowry)가 쓴 『기억 전달자』(*The Giver*)라는 책을 읽었다. "인도적이고 너그럽기는" 하지만 전체주의적 사회에 관한 이 미래 소설에는 요나라는 주인공이 나온다. 그는 '12살의 성인식'이라고 불리는 일종의 의식을 치른다. 이 의식에서 그 마을의 장로들은 각 어린이의 적성, 재능 그리고 갓난아기부터 타고난 능력을 바탕으로 12살 된 어린이들에게 평생 직업을 지명해 주었다. 일단 이런 지명이 이루어지면, 미래의 모든 교육과 인생 경험은 그 아이가 자신의 소명을 준비하도록 이끌어 준다. 물론, 대부분 공상과학 소설이 그렇듯 이러한 직업에 대한 안정감과 '정확한' 진로 지도에는 스스로 자신의 천직을 선택할 권리를 포기해야 한다. 당신은 그런 '이상적인' 사회를 위해 어떤 값을 지불하겠는가? 이것이 그 책의 주요 주제였다.

그 해 가장 인상 깊었던 것은 학생들의 반응이었다. 젊은이들에게 진로를 선택해 준다는 사회의 개념은 이 책에 묘사된 대로 상당히 압제적인 성격을 지니고 있음에도 불구하고, 학생들은 내가 예상했던 것만큼 부정적이지 않았다. 오히려 한 여학생은 그 책을 마친 후 자신들도 12살의 성인식을 할 수 있겠냐고 물어 왔다. 그 학급의 학생들은 모두 동의했고, 자신의 미래에 관한 안내를 받을 수 있도록 자신의 인생에서 어떤 기념식을 하고 싶어 했다. 미래학 활동을 끝내기 전 그리고 초등학교 마지막을 장식하는 프로젝트로 각 학생들은 12살의 성인식을 나름대로 연구했다.

그들은 자기 자신의 개성을 반영하여, 무엇이 그들에게 중요한지 그리고 자신들에게 나타난 재능과 적성은 무엇인지를 생각하는 성인식을 준비했다. "유년기의 마지막을 장식하고 성인의 도래를 기념하기 위해서는 어떻게 준비하는 것이 좋을까요?"라고 나는 그들에게 생각거리를 제공했다. 그들은 양초, 음식, 향, 사진, 꽃, 책, 음악, 상장, 좋아하는 장난감 그리고 트로피 등 그날 사용할 다양한 소재들을 가져왔다. 각자는 자신의 책상 혹은 '제단'에 무엇을 놓을 것인가를 결정했다. 그들은 음악, 읽을거리, 음식을 선별했고 의식 순서를 짰으며 그들과 함께 의식에 참여할 참가자들에게 읽어 줄 선언문도 작성했다. 이 의식의 일부로 자신의 유년기를 상징하는 여러 가지 물건들, 즉 남기고 떠나야 할 것들과 앞으로의 '새로운 인생'을 위해 가지고 가야 할 것들을 포함했다. 그들은 이 모든 것을 자신의 제단에 놓고 각 물건이 어떻게 자신에게 의미가 있는지를 설명했다.

학생들은 '장로'가 될 사람을 지명했다. 그 장로는 그들에게 자신의 인생에 대한 선포가 될 상징물을 주고 앞으로 나아가 소명 혹은 천직을 추구하도록 명령을 내렸다.(우리는 이 사람을 '장로'라고 불렀는데, 『기억 전달자』에서 그 일을 맡았던 사람을 부르던 이름이었다.) 예를 들어 음악적 재능을 지닌 학생은 악기 혹은 세상에 나아가 훌륭한 음악인이 되라는 훈계와 함께 악보를 주었다. 직업 운동선수가 되고 싶은 학생에게는 훌륭한 선수가 되기 위해 피나는 노력을 하라는 지시와 함께 농구공이나 야구

창조적 소명

공을 주었다. 컴퓨터를 잘하는 학생에게는 성공적인 컴퓨터 공학도가 되라는 명령의 상징으로 마우스와 키보드를 건네주었다.

각 사람의 지명식 마지막 부분에서는 비록 공립학교 교실이었지만 나머지 학생들이 그를 둘러싸고 손을 올리도록 해서 그 사람의 소망, 꿈 그리고 미래를 위해 기도하도록 인도했다. 이런 활동은 그들과 나를 위해서도 아주 뜻 깊은 시간이었다. 그것은 내가 이 책을 쓰는 데 확신을 주었다. 우리는 방향감에 목말라 하고 있기에 분명한 소명 그리고 완벽한 적성에 맞는 일은 우리 삶에 의미와 목적을 가져다줄 것이다.

하나님과의 약속

나는 하나님이 그분 자신과 친밀한 관계를 맺도록 우리 각자를 부르셨다고 믿는다. 하나님은 우리가 누구인지 알고 계시며, 태어날 때부터 우리에게 재능과 능력을 주셨다. 또한 그분 자신을 기쁘게 하고 우리 스스로 충족한 삶을 살기 위해서 그 재능을 어떻게 사용해야 하는지를 알고 계신다. 시편 139편 13-14절을 읽어 보자. "주께서 내 내장을 지으시며 나의 모태에서 나를 만드셨나이다 내가 주께 감사하음은 나를 지으심이 심히 기묘하심이라 주께서 하시는 일이 기이함을 내 영혼이 잘 아나이다." 창조주이신 하나님이 내 개인적 성장에 그토록 살뜰한 관심을 가져 주시고, 내 인생에 관한 계획을 펼쳐 보이시겠다는 것은 놀라운 일이다. 이 책을 통해 내가 계속 주장하듯 우리의 재능은 하나님이 각자에게 주신 도로 표지판이므로, 그분은 우리가 친밀함과 충만함을 향해 나아갈 길을 알려 주신다.

내가 땅 끝에서부터 너를 붙들며 땅 모퉁이에서부터 너를 부르고 네게 이르기를 너는 나의 종이라 내가 너를 택하고 싫어하여 버리지 아니하였다 하였노라(사 41:9).

어떤 사람들은 하나님이 우리 삶에 계획을 가지고 계실 것이라는 생각에 반대한다. 하지만 하나님을 기쁘시게 하는 길은 인생에 단 하나밖에 없다. 따라서 그 좁고 분명한 길에서 벗어나면, 우리의 인생은 돌이킬 수 없게 된다. 그들은 '하나님의 계획'이란 자신들에게서 자유의지를 빼앗아 가는 것과 비슷한 개념이라고 생각한다. 그러나 나는 그들과 생각이 다르다. 하나님께서 우리에게 자유의지를 주신 것은 우리가 하나님이 시키는 대로 맹목적으로 추종하기보다는 우리의 선택으로 그분을 따라가기 원하시기 때문이다. 하나님은 우리가 최선의 길을 선택할 수 있도록 그 길을 가는 동안 여러 형태로 인도해 주신다. 나는 자신을 개선하려는 노력의 목적은 그리스도께로 좀 더 가까이 가고자 하는 것에 있어야 한다고 생각한다. 그리고 영적 성숙의 중요한 핵심은 우리의 은사와 재능을 인식하고 그것들을 사용해서 하나님을 영광스럽게 하며, 그것들을 파묻어 버리기보다는 개발하는 것이라고 믿는다. 하나님은 우리를 위해 이런 재능을 계획하시고 그를 좀 더 알게 하기 위해 그리고 우리의 손으로 이루어진 작품을 통해 그를 영광스럽게 하기 위해 그 재능들을 사용할 기회를 제공하신다.

우리 중 몇몇은 특별히 운이 좋은 이들이 있다. 우리를 가장 사랑하고 잘 아는 사람들에게 격려와 지도를 받으면서 하나님과 개인적인 관계를 맺고 있다는 것이 어떤 축복인지 이해한다면, 우리는 일찌감치 예술적 능력을 개발하고 양육하기를 배울 수 있다. 우리는 이런 재능들이 아마도 우리에게 좋은 선물을 주시려는 하나님의 노력의 일부라는 것과 우리가 세상에 그 재능을 되돌려줘야 한다는 사실을 받아들일 수 있게 된다. 하지만 우리는 대부분 우리의 은사가 그저 우리를 혼동하게 만들려는 것이 아니라 하나님께로 가는 길을 지시하며 인도하는 것이라는 사실을 알기 전까지는 많은 시행착오를 겪는다. 이것이 바로 내가 하나님이 우리 삶에 관한 계획을 가지고 계시다고 한 말의 진의이다.

창조적 소명

디모데전서 4장 14-16절은 우리에게 이렇게 경고한다. "장로의 회에서 안수 받을 때에 예언을 통하여 받은 것을 가볍게 여기지 말며 이 모든 일에 전심 전력하여 너의 성숙함을 모든 사람에게 나타나게 하라 네가 네 자신과 가르침을 살펴 이 일을 계속하라 이것을 행함으로 네 자신과 네게 듣는 자를 구원하리라." 5학년 학생들의 지명식 이후 이 구절은 나에게 새롭고 더욱 적절한 의미를 주었다. 이 말씀을 읽으면서 나는 많은 사람이 더 이상 '장로의 안수(손을 얹음)' 받기를, 또한 우리의 은사가 알려지고 그 은사를 존중받기를 기다리지 않는다는 생각이 들었다. 그 이유 중 하나가 많은 사람이 인생을 살면서 하나님으로부터 지명, 혹은 기름부음을 받지 못했고 이에 그들이 '실망'(즉, 지명 받지 못함)했기 때문이라 생각한다. 우리는 어린 학생들과 마찬가지로 우리 마음속에서는 이미 알고 있는 것, 즉 우리는 하나님의 예술가이며 예술가의 삶을 살아야 한다는 것을 공식적으로 표현하는 어떤 의식이나 행사를 원하고 있을지도 모른다.

'성인식', '바르 미츠바'(Bar Mitzvah) 그리고 '바트 미츠바'(Bat Mitzvah)는 모두 기독교나 유대교 공동체에서 한 아이가 성인이 된 것을 기념하고 축하해 주기 위한 의식이다. 이런 축하 의식의 목적은 젊은이들에게 공식적으로 자신의 종교적 신념을 확증하게 하기 위한 것이다. 그러나 현재는 이것이 어린이들에게 자신의 소명, 천직을 인식하도록 놉지 못하고 있다. 과거에는 확대가족, 더 나아가 전 공동체에서 아이가 자라나는 모습을 함께 지켜보고 격려하며 양육했기 때문에 그가 12살이나 13살이 되면 마을에서는 그 아이의 소명이나 직업이 무엇인지를 잘 알 수 있었다. 따라서 아이의 양육자는 아이에게 가장 잘 맞는 천직을 갖도록 인도했다. 이는 앞으로 아이의 삶의 방향을 결정짓는 것이었는데 여기에는 교육, 견습 훈련, 직장 혹은 심지어 약혼까지도 포함되었다. 우리는 대부분 비록 개인적인 선택권을 허용하지 않는 이런 시스템에 반감을 가지겠지만, 우리 스스로 이런 선택을 할 때 어떻게 결정할지에 관해 자신에게 물어봐야 한다.

우리는 예술 활동을 하면서 재능을 발전시키기 위한 허락과 격려를 받거나 하나님의 지명을 받기 위해 청년 시절로 돌아갈 수는 없다. 그러나 나는 이런 의식이 치료적인 부분뿐만 아니라 이제야 그런 지명을 받기를 원하는 어른이 된 우리에게도 영적으로 강한 효과가 있다고 믿는다. 우리는 다른 예술가들과 함께 창조적 소명에 응답하는 약속을 하고, 우리가 좀 더 젊었을 때 받았기를 바라는 그 기름부음을 먼저 그룹을 통해 말씀하시기를 하나님께 요청해야 한다. 나는 스스로나, 믿는 친구와 함께, 혹은 당신의 창조적 소명 소그룹과 함께 이 과정을 마치는 한 방법으로 지명식을 해 보기를 권한다.

지명식은 여러 모양으로 할 수 있다. 우리 학생들이 했던 것처럼 당신 그룹의 누군가가 선언문을 낭독함으로 시작하거나 개인적 묵상회에 같이 온 친구가 그 의식의 목적을 읽는 것으로 시작할 수 있다. 이렇게 해서 당신이 나머지 일생을 예술가로 살아가도록 지명, 혹은 선언하는 것이다. 일단 이러한 개념으로 생각해 본다면, 당신은 분명 이 의식을 구체적이고 특별하게 하기 위한 좋은 시, 노래, 성경 구절, 직접 쓴 글들이 생각날 것이다. 당신이 참석했던 다른 의미 있는 의식들에 관해 생각해 보고 (세례식, 성인식, 결혼식, 서품식, 기념학회에서의 취임식, 졸업식, 기타) 그중 어떤 내용들이 당신의 지명식에서 일부라도 응용될 수 있을지 생각해 보라. 이 기념식은 창조적 소명에 답하여 예술 활동을 시작한 당신의 약속을 공식화하는 것이다. 당신의 지명식은 다른 누구와의 것과도 다르게 보일 수 있다는 점을 기억하라.

내가 참가했던 이와 같은 첫 번째 지명식에서 나는 친구 루이즈(Louise)에게 나를 지명해 줄 리더가 되어 달라고 부탁했다. 지명식에서는 시, 기도문, 성경 구절 낭독이 있었고, 내 안의 예술가를 깨우는 하나님의 불을 상징하는 촛불을 키는 시간이 있었다. 그리고 마지막 부분에서 루이즈는 나에게 이렇게 말했다. "제니스, 예술가가 되라. 너의 재능을 살려서 너의 마음의 묵상과 너의 펜에서 나오는 글이 너의 반석이시며 너의 구원자이신 하나님을 기쁘시게 하도록 해야 한다. 이것이 네가 지음 받은 길이야. 그 길을 갈 때 소망, 기쁨과 겸손함이 있기를." 그 다음으로 우리는 '아씨시의 클라라'(Clar of Assisi)의 시 한 편을 읽고 선물을 건넴으로써 의식을 끝맺었다. 선물로는 아무 것도 쓰여 있지 않은 책, 만년필 그리고 피아노 연주용 악보 한 권을 주었다.

당신도 이런 지명식을 계획할 수 있고, 자신만의 독특한 방법으로 꾸밀 수 있다. 부록에 있는 시들과 기도문들의 일부를 사용할 수 있다. 성찬용 포도주를 곁들이는 것은 묵상회를 끝내는 좋은 방법이 된다.

개인 혹은 단체로서, 당신이 원하고 필요로 하는 그런 묵상회를 이룰 수 있도록 성령의 인도하심을 구하고 당신의 상상력, 은사 그리고 재능을 함께 사용하라. 묵상회의 계획과 과정 중에 하나님의 성령이 함께하시기를 간구하라. 마지막으로 예술적인 삶을 살겠다는 확신으로 서로 하나가 되는 기도로 마치라. 이는 우리 자신을 영광스럽게 하기 위해서가 아니라 우리 안에 거하시고 우리를 그의 것으로 부르신 그분을 영광스럽게 하기 위해서다.

주여, 내가 그 일을 할 만한 가치가 있도록 하여 주소서.

나를 수정 같이 맑게 하시어 당신의 빛이 제 속을 통과하여 빛나게 하소서.

_케서린 맨스필드(Katherine Mansfield)

기도문

한 단어 한 단어씩 조심스럽게 선택된 기도문들은 시와 마찬가지로 다른 사람들이 공감할 수 있는 사상과 감정을 전달한다. 우리는 다른 사람의 기도문을 읽으면서 하나님께 더 가까이 갈 수 있다. 당신에게는 현대적으로 표현된 기도나 글이 더 편안할지 모르겠지만, 아래의 유명한 '기도하는 사람들'의 글은 당신에게도 의미가 있을 것이다. 다음의 기도문들은 창조적 소명을 추구하는 당신의 기도 생활을 풍성하게 해 줄 것이다.

간구의 기도

전능하시고 영존하시는 하나님,

주는 언제나 우리의 기도를 들으시며, 우리가 바라거나 마땅한 것보다

더 많은 것을 주실 준비를 하고 계십니다.

우리에게 주의 풍성한 자비를 부어 주시고,

양심에 거리끼는 우리 죄를 용서해 주시며,

우리가 감히 요청할 수 없는 것조차 좋은 것으로 주시니,

이는 오직 우리 주 예수 그리스도의 덕을 묵상함으로써 가능합니다.

그는 주와 성령과 함께 사시고 다스리시는,

영원하신 한 분 하나님이십니다.

_공도문

통회 기도

하느님,

제가 죄를 지어

참으로 사랑받으셔야 할 주님의 마음을 아프게 하였사오니,

악을 저지르고 선을 소홀히 한 모든 잘못을

진심으로 뉘우치나이다.

또한 주님의 은총으로 속죄하고

다시는 죄를 짓지 않으며

죄지을 기회를 피하기로 굳게 다짐하오니,

우리 구세주 예수 그리스도의 수난 공로를 보시고

저에게 자비를 베풀어 주소서. 아멘.

_로마 가톨릭 『기톨릭 기도서』

성령송가

오소서 성령이여, 당신의 빛을 하늘에서 내리소서!

가난한 이의 아버지, 은혜를 베푸시는 분,

마음의 빛이시며, 가장 좋은 위로자.

영혼의 기쁜 손님, 흐뭇한 안식이여,

고된 일의 쉼이여, 더위의 그늘이여,

울음의 위안이여, 지복의 빛이시여,

믿는 이들의 마음을 채우소서!

당신의 빛 없이는 아무것도 죄 아닌 것 없나니,

더러운 것 씻으소서!

허물은 씻어 주고 마른 땅 물 주시고 병든 것 고치소서.

굳은 맘 풀어 주고 찬 마음 데우시고 바른 길 이끄소서.

당신을 믿는 자에게 풍성한 은총을 내리사,

공을 쌓는 덕을 주어 영원한 생명과 무궁한 복 주소서!

_이 시의 작가는 13세기로 거슬러 올라가 왕 요한의 통치기의 캔터베리 주교였던 스테픈 랭톤 (Stephen Langton, 1155-1228)이라고 추정된다.

내 뜻을 당신에게 맞게 하소서

주여, 앞으로는 당신을 위해, 당신과 함께,

그리고 당신 안에서 사용되기 위해서가 아니라면

건강이나 생명을 열망하지 않도록 하여 주소서.

오로지 당신만이 나에게 무엇이 선한지 아십니다.

그러니 당신에게 가장 좋아 보이는 일을 하소서.

그것을 나에게 주시든지 혹은 나에게서 취하소서.

나의 뜻을 당신에게 맞추게 하소서.

겸손하고 완벽한 복종을 허락하시고 거룩한 자신감으로

내가 당신의 영원한 섭리로 주신 명령을 받도록 하시고,

그와 마찬가지로 당신으로부터 나에게 오는 그 모든 것을 사모하게 하소서.

_블레즈 파스칼(Blaise Pascal, 1623-1662)

무엇도 당신을 방해하지 않으리

무엇도 당신을 방해하지 않으리 Nada te turbe,

무엇도 당신을 두렵게 하지 못하리 Nada te espante;

모든 것은 지나가도, Todo se pasa;

하나님은 결코 변함없으시리! Dios no se muda.

끈질긴 인내는 La paciencia todo

모든 일을 이루리라. lo alcanza.

하나님의 소유된 자에게는 Quien a Dios tiene

모자람이 없으리라. Nda le falta

오로지 하나님으로 충분하리라. Solo Dios basta.

_이 시는 아빌라의 성 테레사(혹은 예수의 수녀 테레사라고 불리기도 함)의 일과기도서에 수록된 것으로, 그녀가 죽은 후 1582년에 발견되었다. 프라이어 그라시안(friar gracian)은 이렇게 말한다. "이 일과기도문은 예수의 수녀 테레사의 것이다. 그녀는 하나님이 그녀를 알바(Alba)에서 천국으로 부르실 때 이 기도문들을 사용하였다. 이 일이 진실이라는 것을 밝히기 위해 내 이름으로 이렇게 서명한다.(Fray Geronimo Gracian de la Madre de Dios.)"

하나님의 숨결

성령이시여, 당신의 성스러운 숨결로 인간의 마음을 깨끗케 하시며,

그들이 슬픔에 차 있을 때 위로하시며,

침울하여 있을 때 순수한 즐거움으로 격려하시며,

그들이 길을 벗어날 때 모든 진리로 인도하시며,

그들의 마음이 차가울 때 자선의 불길을 그 속에 밝히시며,

서로 의견이 갈라질 때 평화의 풀로 서로를 붙여 주시며,

저마다의 은사들로 그들을 꾸미시며 풍부하게 하시니이다.

당신께 간구하나이다.

당신의 은사를 내 안에 유지하고

나에게 내려 주신 것들을

날마다 증진하도록 허락하시고,

당신의 통치하심으로 인해 육신의 욕심들이

내 안에서 더욱 죽어지며

천상의 삶에 대한 열망이

더 빨리 증가되게 하소서.

이 세상의 몽롱한 사막을 통과해 가는 동안

당신의 빛으로 내 앞길을 비춰 주시고,

사탄의 간계에 속거나,

당신의 진리에 맞지 않는 잘못에 빠져들지 말게 하소서.

_데시데리위스 에라스뮈스(Desiderius Erasmus, 1466-1536)

우리의 마음을 인도하시고 지배하소서

하나님, 당신의 뜻대로 행하지 아니하면 당신을 기쁘게 할 수 없사오니,

당신의 성령이 모든 일에서 우리의 마음을 인도하고 지배하도록

자비를 베푸소서.

_공도문에서

켈트 축도 I

하나님의 인자하심이 너와 함께하사

햇빛과 비로 너를 돌보시며,

비와 바람으로 너를 어루만지시길 기도하노라.

주의 사랑이 너를 통해,

상처 받고 외로운 모든 이에게 따뜻하게 되기를 기도하노라.

하나님의 능력이 너와 함께하사,

그의 힘 있는 손끝으로 너를 붙드시길 기도하노라.

네가 붙드는 이들에게,

너는 하나님의 능력의 상징이 되기를 기도하노라.

하나님의 온유가 너와 함께하사,

햇빛과 비로 너를 돌보시며

비와 바람으로 어루만지도다.

자아를 드리는 기도

주 예수님, 당신의 일을 하기 위해 내 손을 드립니다.

당신의 길을 가기 위해 내 발을 드립니다.

당신이 보는 것처럼 보기 위해 내 눈을 드립니다.

당신의 말을 하기 위해 내 입을 드립니다.

당신이 내 안에서 꿈꾸실 생각을 위해 내 정신을 드립니다.

당신이 내 안에서 드리는 기도를 위해 내 영을 드립니다.

무엇보다 하나님 아버지와 모든 인류를 사랑하기 위해

내 마음을 드립니다.

당신이 내 속에서 자라나셔, 그리하여, 바로 당신, 주님께서

내 속에 살아 계시고 일하시며 기도하시는 그분이 되시도록

내 자아를 드립니다. 아멘.

_작가 미상

그러므로 우리로 일하게 하소서

그러므로 우리로 일하게 하소서, 우리의 모든 가능성을 개발하도록 하시되,

나 자신을 위해서가 아니라, 동료 피조물을 위해서 그리하도록 하소서.

우리의 노력으로 빛이 비춰지게 하시고,

우리로 인간의 복지와 모든 피조물의 복지를 추구하게 하소서.

우리는 모두 정해진 일들을 하기 위해 태어났습니다.

삶이 곤궁하더라도, 그것이 우리를 염려케 하지 말게 하시고,

그저 우리가 해야 할 일을 하게 하소서.

- 소우엔 샤쿠(Soyen Shaku, 일본, 1859-1919)

성령께 드리는 기도

지혜와 이해의 영이시여,

우리의 정신이

영원한 우주의 신비를 알아내도록 밝혀 주시옵소서.

올바른 판단과 용기의 영이시여, 우리를 인도하시고

예수님의 사랑의 방법을 따를 세례의 결정을 견고케 하소서.

지식과 공손의 영이시여,

우리가 서로를 날마다 대할 때

공평과 자비의 지속적 가치를 알도록 도우소서.

가족과 나라, 경제와 생태계의 문제를 풀기 위해

일할 때 생명을 존중하도록 하시옵소서.

하나님의 영이시여, 우리의 믿음, 소망, 사랑이

날마다 새로운 행동의 불꽃으로 일어나게 하시며

우리의 삶을 모든 피조물을 관통하는 당신의 임재에 대한

경이와 외경으로 가득 차게 하옵소서. 아멘.

_로마 가톨릭

켈트 축도 II

하나님의 은혜가 당신에게.

사랑의 은혜가 당신에게.

가정의 은혜가 당신에게.

건강의 은혜가 당신에게.

믿음의 은혜와 확신이 당신에게.

생명을 주시는 하나님의 은혜가 당신에게.

사랑하는 예수님의 은혜가 당신에게.

성령의 은혜가 당신에게.

당신을 아끼시는 하나님.

당신을 붙드시는 하나님.

당신을 감싸 안으시는 하나님.

그 삼위가 당신의 머리며.

그 삼위가 당신의 몸이며.

낮과 밤에 그 삼위의 포옹으로

그대 일생 동안, 영원하리라. 아멘.

우리에게 은혜를

오, 주님 우리에게 은혜 주시기를 간구하나이다.

우리 각자에게, "이것이 길이다. 이 길로 걸어라."라고

말씀하시는 당신의 목소리를 듣고 청종하기를.

그렇지만, 우리 뒤에서 들리는, "이것이 길이다."라는 말보다,

우리 앞에서 말씀하시는 "나를 따르라."라는 말을 듣도록 하소서.

당신이 우리를 앞으로 나아가게 하실 때, 우리 앞에서 가소서.

그 길이 정말 좋으면, 우리를 데려가소서.

어둠 속에서는 우리를 위로해 주시고,

부활의 날에는 우리를 만족케 하소서.

_크리스티나 로세티(Christina Georgina Rossetti, 1828-1882)

니나의 기도

사랑하는 성령님, 당신이 이미 내게 내려 주신

그 많은 축복과 창조적 재능에 감사합니다.

나를 당신의 성스러운 의도에 맞추어 당신의 영광을 위해

당신의 권능하신 임재로 나를 기름 부으시도록

나 자신을 당신께 드립니다.

나는 당신이 창조하신 그대로 될 것이며,

당신이 하라고 하신 그 일을 할 것입니다.

당신의 인도와 감동을 구할 때에도 오로지

내 동기와 생각, 감정과 그 의도를 정화시키시기를 구합니다. 아멘.

_니나 스나이더(Nina Snyder, 미국 화가이자 작가, 2000)

부름을 위한 기도

전능하신 하나님, 하늘에 계신 아버지여,

당신의 영광을 선포하시고, 천국에서나 이 땅에서

당신의 손으로 만드신 것을 꺼내 보이시니이다.

당신께 간구하오니, 우리의 거듭된 부름 속에서,

우리를 황금만능주의에서 구하시어,

당신이 우리에게 명하신 그 일을 우리가 할 때,

진리와, 미덕과, 공평으로,

그대의 종으로서 오로지 한 마음으로,

그리하여 우리 인류의 공익이 되도록 하게 하소서.

우리를 섬기러 오신 그분이,

당신의 아들 예수 그리스도 우리의 주님이십니다.

_공도문에서

당신 속에서 풍성하게 하소서

나 자신에서 나를 끊게 하소서.

그리하면 당신에게 감사하리이다.

나 지신이 약해지면 당신 안에서 안전할 것이며,

나 자신이 죽으면 당신 안에서 살 것이며,

나 자신이 시들어지면 당신 안에서 꽃필 것이며,

나 자신을 비우면 당신 안에서 풍성할 것이며,

나 자신이 아무것도 아니게 되면 당신에게는 모든 것이 될 것이리다.

- 데시데리위스 에라스뮈스(Desiderius Erasmus, 1466-1536)

성령의 불

성령의 불이여,

피조물 인생의 생명이며,

신성의 고리시며, 모든 자연의 유대가 되시며,

자선의 반짝임이며, 명료함의 빛이시고,

죄인에게 친절하시고,

우리와 함께 계시는 자여, 우리를 들으소서.

모든 사물의 작곡자이시여,

모든 부활의 빛이시며,

구원의 열쇠이시며,

어두운 감옥에서 해방시키시며,

모든 연합의 소망이시고, 순결의 영역이시며,

영광 안에서 기쁨이요, 권능의 영광이시니

우리와 함께 계시며 우리를 들으소서.

_빙엔의 힐데가드(Hildegard of Bingen, 1098-1179)

내 삶을 받으소서

내 삶을 받으소서. 주여, 당신에게 내 삶을 드립니다.

내 시간과 내 날들을 받으시어, 끝없는 찬송을 드리게 하소서.

끝없는 찬송을 드리게 하소서.

내 자아를 받으소서. 내가 오로지, 당신만을 위해 존재하게 하소서.

내 손을 받으시어, 당신의 사랑에 이끌리어 움직이게 하소서.

당신의 사랑에 이끌리어.

내 발을 받으소서. 당신을 위해서만 날쌔고 아름답게 하소서.

내 자아를 받으소서. 내가 오로지, 당신만을 위해 존재하게 하소서.

오로지, 당신만을 위해.

내 목소리를 받으소서. 오로지 나의 왕되신 당신을 위해 노래하게 하소서.

내 입술을 받으시어 당신이 주시는 메시지로 가득하게 하소서.

당신이 주시는 메시지로 가득하게.

내 자아를 받으소서. 내가 오로지, 당신만을 위해 존재하게 하소서.

내 금과 은을 받으시고, 조금치도 움켜쥐지 않게 하소서.

조금치도 움켜쥐지 않게.

내 지식을 받으소서.

모든 능력을 당신이 선택하시는 것만을 위해 사용하게 하소서.

창조적 소명

내 자아를 받으소서. 내가 오로지, 당신만을 위해 존재하게 하소서.

오로지, 당신만을 위해.

내 뜻을 받으소서.

그것이 당신 것이 되게 하시어 더 이상 내 의지가 아니도록 하소서.

내 마음을 받으시어 당신의 것으로 삼으시고 당신의 왕좌가 되게 하소서.

당신의 왕좌가 되리이다.

내 사랑을 받으소서, 내 주여. 당신의 발 앞에 내 모든 보물을 쏟으니,

내 자아를 받으소서. 내가 오로지, 당신만을 위해 존재하게 하소서.

오로지, 당신만을 위해.

_프랜시스 리들리 해버갈(Frances Ridley Havergal, 1836-1879)

성령께 올리는 기도

신성과 행복의 비밀을 당신께 보여 드릴게요.

날마다 5분만 상상력을 동원하세요.

그리고 감각의 물질에는 눈을 감고

세상의 모든 소음들에는 귀를 닫으세요.

그대 자신 속으로 들어가기 위해서죠.

그러면 신성함 속에서 세례 받은 영혼은

(그것은 성령의 사원 안에 있지요.)

거룩하신 성령께 말합니다. 그분께 드리는 말이지요.

"오, 성령이여, 내 영혼을 사랑하신 분이여,

내가 당신을 원하나이다.

나를 비추시고, 인도하시고,

강하게 하시며, 나를 위로하소서.

무엇을 해야 할지 알려 주시고, 당신의 명령을 내려 주소서.

당신이 원하시는 것 내 자신 모두를

당신께 복종하기로 약속하오니

당신이 나에게 허락하신 그 모든 일들을 받겠나이다.

당신의 뜻을 알게 하소서."

그대가 이렇게만 한다면,

그대의 삶은 행복하고, 평온하며,

시련의 한가운데서도 위로로 가득할 거예요.

은혜는 그 짐을 지고 갈 힘을 주시기에

시련이 오는 것만큼 커진답니다.

그러면 그대는 공로를 세우고

파라다이스의 문에 도착하겠지요.

이렇게 성령에 복종함이 바로

신성의 비밀이랍니다.

_카디날 메르시어(Cardinal Mercier, 1851-1926)

확신으로 나아가라

당신이 붙든 것을, 항상 붙잡으라.

당신이 하는 일을, 언제나 포기하지 말라.

그러나 잽싼 걸음걸이로, 발걸음도 가볍게, 멈칫거림 없이,

그 걸음이 흙먼지도 일으키지 않게

기쁘고 날쌔게, 신중한 행복의 길로

확신에 찬 걸음으로 나아가라.

이 결심에서 멀어지게 하는 것들이나

그 길에서 당신을 넘어지게 하는 걸림돌이 될 것들일랑

아무것도 믿지 말고, 아무것도 동의하지 말라.

그리하여 가장 높으신 그분께

하나님의 영이 당신을 부른 것을 완전히 얻기까지

당신의 맹서를 드리라.

_아씨시의 클라라(Clair of Assisi, 1194-1253)

여러 해 전, 친한 친구인 메린다 페리스는 내가 처음으로 쓴 크리스마스 소식지를 읽고는 아칸사스에서 전화를 걸어 나에게 작가가 되라는 말을 했다. 메린다는 예술가로서의 나 자신에 대한 믿음을 지니기 훨씬 이전부터 나를 믿어 주던 내 영웅 중 한 명이었다.

이 책은 올랜도 커뮤니티 교회 예술인 모임 구성원들의 격려와 지원이 없었다면, 현재와 같은 형태로 존재하지 않았을 것이다. 스티브 앤드류스, 데이브 캡, 존과 낸시 크리스찬센, 주디 잉글리시, 테드 그런버그, 페기 홈리치, 재키 디섀넌, 트리샤 마르틴, 재니스 모건, 필리스 토마스, 던 오그던 그리고 놈 벨돈 또한 이 책의 탄생에 막대한 도움을 주었다. 그들이 보여 주었던 열정, 각 과정에 대한 성실한 평가 작업과 함께 이 책의 장점과 약점에 대한 지적은 매우 소중한 것이었다.

또 나에게 통찰력과 격려를 아끼지 않았던 노스랜드 커뮤니티 교회(Northland Community Church)의 작가인 발 가버, 에스더 호르바드, 니나 스나이더, 케이 헤나 그리고 이 책의 출판 전 단계에 대해 가르침을 주고, 초기 단계에서부터 내 친구이며 격려자가 되었던 신실한 필리스 토마스에게도 감사를 보내고 싶다. 독자들의 예술성과 하나님과의 관계에 관해 이 책이 진정으로 어떤 발전을 가져올 수 있다는 확신을 그녀가 주지 않았더라면 나는 이 책을 출판하도록 허락지 않았을 것이다.

원문 교정뿐만 아니라 문체와 구성이 짜임새 있도록 멋진 제안을 해 주고, 나의 또 다른 눈이 되어 주었던 사람들에게도 감사드린다. 관심을 가져 주고 시간을 들여 이 책이 탄생하기까지 많은 좌절과 기쁨을 함께 해 준 재키 휴즈에게 감사한다.

통찰력 있고도 기쁨을 주는 제안과 도움말을 해 준 '사랑 안에서의 형제'인 그레그 스미스에게는 마음에서 우러나오는 감사를 드린다. 엘리자베스 스원슨의 기독교인이 아닌 시각에서의 원고에 대한 진실한 평가는 격려가 되었을 뿐 아니라 값진 것이었다. 마지막으로, 편집자인 엘리사 프레일링과 로라 라이트의 날카로운 진심과 공교한 눈이 없었더라면 지금 이 책이 이런 형태로 존재하지 못했을 것이다.

올랜도 커뮤니티 교회의 목사이자 내 친구인 존 크리스찬센은 이 책의 집필과 시험 기간을 통해 격려와 지혜로운 말을 아끼지 않았다. 특별한 감사를 전한다. 이 일이 단지 출판을 위한 것이 아니라는 그의 충고로 말미암아 나는 하나님의 일을 하는 데에 스스로 하려는 것에 벗어나 성령이 일하시게 할 수 있었다.

마지막으로 나의 가장 절친한 친구이자 나의 사랑인 남편 셋 엘스하이머에게 감사의 말을 하고 싶다. "고마워요. 작가라 자칭하기도 전에 나를 작가라고 불러 주었고, 이 책을 쓰는 것이 내 자신의 창조적 소명을 따르는 일이라는 것을 믿어 주었지요."

Chapter 02. 말씀 듣기

1. Madeleine L'Engle, Walking on Water: Reflections on Faith and Art(Wheaton, Ill.: Harold Shaw, 1980), 12.

2. L'Engle, Walking on Water, 16.

3. Dorothea Brande, Becoming a Writer(London: Macmillan, 1996), 65-66.

4. Mihaly Csikszentmihalyi, Creativity: Flow and the Psychology of Discovery and Invention(New York: HarperCollins, 1997), 347.

5. Deena Metzger, Writing for Your Life: A Guide and Companion to the Inner Worlds(London: HarperCollins, 1992), 23.

Chapter 03. 잠에서 깨어나다

1. Joanna Laufer and Kenneth S. Lewis, Inspired: the Breath of God(New York: Doubleday, 1998), 84-88.
2. L'Engle, Walking on Water, 76-77.
3. L'Engle, Walking on Water, 149.

Chapter 04. 용서

1. "If You Can Dream It," Guideposts, October 1998, 6.
2. See 2 Samuel 11. See also Psalms 51 and 32. The NIV Life Application Bible(Grand Rapids, Mich.: Zondervan, 1991), 935, 959, gives helpful footnotes for David's prayer of confession and his praise song of for giveness.
3. See Matthew 6:12.
4. Laufer and Lewis, Inspired, 166-167.
5. Laufer and Lewis, Inspired, 167.

Chapter 05. 성령을 마시라

1. Madeleine L'Engle, And It Was Good: Reflections on Biginnings(Wheaton, Ill.: Harold Shaw, 1983), 80.

2. Laufer and Lewis, Inspired, 82.

3. Laufer and Lewis, Inspired, 88.

4. Anne Lamott, Bird by Bird: Some Instructions on Writing and Life(New
   York: Anchor, 1994), 100-101.

5. Marshall Cook, Freeing Your Creativity: A Writer's Guide(Cincinnati:
   Writer's Digest, 1992), 56.

Chapter 06. 숨을 내어 뱉어라

1. L'Engle, Walking on Water, 18.

2. Natalie Goldberg, Wild Mind: Living the writer's Life(New York: Ban-
   tam, 1986), 45.

3. Franky Schaeffer, Addicted to Mediocrity: 20th Century Christians and
   the Arts(Wheaton, Ill.: Crossway, 1981), 60.

4. Schaeffer, Mediocrity, 60.

Chapter 07. 시간 만들기

1. Ann McGee-Cooper, Time Management for Unmanageable People (New
   York: Bantam, 1994), 67.

2. Cook, Freeing Your Creativity, 51.

3. Anne Morrow Lindbergh, Gift from the Sea(New York: Pantheon, 1977),

115.

4. See Charles Hummel at http://www.cyber-nation.com.

5. L'Engle, Walking on Water, 122.

Chapter 08. 단순한 삶

1. See Susan Pilgrim, InSync Resources for Changing Your Life, http://www.livinginsync.com/page6.htm.

2. Elaine St. James, Living the Simple Life(New York: Hyperion, 1996).

3. Steven Catlin, Work Less and Play More (Ventura, Calif: Kimberlite, 1997), 112-113.

4. Ellen Goodman, "The Cloud on Your Vacation That Gets Darker and Darker," Boston Globe, 22 August 1993, Op-Ed section, 73.

5. For more money-saving tips, see Elaine St, James, Simplify Your Work Life(New York: Hyperion, 2001).

6. Susan Pilgrim, InSync Resources, 6.

7. Janet Luhrs, The Simple Living Guide(New York: Broadway, 1997), 164.

Aldrich, Anne Hazard. *Notes from Myself: A Guide* to *Creative Journal Writing*. New York: Carroll&Graf, 1998.

Babb, Fred. *Go to Your Studio and Make Stuff: The Fred Babb Poster Book*. New York: Workman, 1998.

Brande, Dorothea. *Becoming a Writer*. London: Macmillan, 1996.

Brehony, Kathleen A. *Awakening at Midlife*. New York: Riverhead, 1996.

Briner, Bob. *Roaring Lambs*: A *Gentle Plan to Radically Change Your World*. Grand Rapids: Zondervan, 1993.

Cameron, Julia. *The Artist's Way*: *A Spiritual Path to Higher Creativity*. New York: Jeremy P. Tarcher/Putnam, 1992.

Catlin, Steven. *Work Less and Play More*. Ventura, Calif: Kimberlite, 1997.

Common Service Book of the Lutheran Church. The United Lutheran Church in America, 1918.

Cook, Marshall. *Freeing You*r *Creativity*: *A Writer's Guide*. Cincinnati:

Writer's Digest, 1992.

Csikszentmihalyi, Mihaly. *Creativity: Flow and the Psychology of Discovery and Invention*. New York: HarperCollins, 1997.

Edwards, Betty. *Drawing on the Right Side of the Brain: A Course in Enhancing Creativity and Artistic Confidence*, Revised Edition. New York: Jeremy P. Tarcher/Putnam, 1989.

Ford-Grabowsky, Mary. *Prayers for All People*. New York: Doubleday, 1995.

Goldberg, Natalie. *Writing Down the Bones*. Boston: Shambhala, 1986.

___________. *Wild Mind: Living the Writer's Life*. New York: Bantam, 1986.

Hoover. Rev. Hugo H. *Saint Joseph Daily Missal*. New York: Catholic Book Publishing, 1956.

"If You Can Dream It." *Guideposts*, October 1998.

Lamott, Anne. *Bird by Bird: Some Instructions of Writing and Life*. New York: Anchor, 1994.

___________. *Travelling Mercies: Some Thoughts on Faith*. New York: Pantheon, 1999.

Laufer, Joanna and Kenneth S. Lewis. *Inspired: The Breath of God*. New York: Doubleday, 1998.

L'Engle, Madeleine. *And It Was Good: Reflections on Beginnings*. Wheaton, Ill.: Harold Shaw, 1983.

___________. *Walking on Water: Reflections on Faith and Art*. Wheaton, Ill.: Harold Shaw, 1980, 1998, 2001.

Lindbergh, Anne Morrow. *Gifts from the Sea*. New York: Pantheon, 1977.

Luhrs, Janet. *The Simple Living Guide*. New York: Broadway, 1997.

Madden, Chris Casson. *A Roon of Her Own: Women's Personal Spaces*. New York: Random House, 1997.

McGee-Cooper, Ann. *Time Management for Unmanageable People*. New York: Bantam, 1994.

Merton, Thomas. *New Seeds of Contemplation*. New York: New Directions, 1961.

Milton, John. *Complete Poems and Major Prose*, ed. Merritt Y. Hughes. New York: Odyssey, 1957.

Moran, Victoria. *Shelter for the Spirit*. New York: HarperCollins, 1997.

Pilgrim, Susan. *InSync Resources For Changing Your Life*. http://www.livingin-sync.com/page6.htm#Simplifying.

Pollack, Constance and Daniel Pollack, ed. *The Book of Uncommon Prayer*. Dallas: Word, 1996.

Richardson, Jan L. *In Wisdom's path*. Cleveland: The Pilgrim Press, 2000.

Ryken, Leland. *The Liberated Imagination: Thinking Christianly About the Arts*. Wheaton, Ill.: Harold Shaw Publishers, 1989.

Sayers, Dorothy L. *The Mind of the Maker*. San Francisco: Harper Collins, 1987.

Schaeffer, Franky. *Addicted to Mediocrity: 20th Century Christians and the Arts*. Wheaton, Ill.: Crossway, 1981.

St.James, Elaine. *Living the Simple Life*. New York: Hyperion, 1996.

__________. *Simplify Your Work Life*. New York: Hyperion, 2001.

Stoddard, Alexandra. *The Art of the Possible*. New York: Avon, 1995.

Thoreau, Henry David. *Walden and Other Writings, Introduction*. International Collectors Library. New York: Garden City, 1970.

Woolf, Virginia. *A Roon of One's Own*, New York: Harcourt Brace Jovanovich, 1929, 1957.

Memo